# ଆମ୍ରପଲ୍ଲୀ

# ଆମ୍ରପଲ୍ଲୀ

ସସ୍ମିତା କର

ବ୍ଲାକ୍ ଈଗଲ୍ ବୁକ୍ସ
ଭୁବନେଶ୍ୱର, ଓଡ଼ିଶା

**BLACK EAGLE BOOKS**
Dublin, USA

ଆମ୍ରପଲ୍ଲୀ / ସସ୍ମିତା କର

ବ୍ଲାକ୍ ଈଗଲ୍ ବୁକ୍ସ : ଭୁବନେଶ୍ୱର, ଓଡ଼ିଶା • ଡବଲିନ୍, ଯୁକ୍ତରାଷ୍ଟ୍ର ଆମେରିକା

BLACK EAGLE BOOKS

USA address:
7464 Wisdom Lane
Dublin, OH 43016

India address:
E/312, Trident Galaxy, Kalinga Nagar,
Bhubaneswar-751003, Odisha, India

E-mail: info@blackeaglebooks.org
Website: www.blackeaglebooks.org

First International Edition Published by
BLACK EAGLE BOOKS, 2023

**AMRAPALLI**

by **Sasmita Kar**
Email: sasmita_kar@yahoo.co.in

Copyright © **Sasmita Kar**

All rights reserved. No part of this publication may be reproduced, stored in a retrieval system, or transmitted, in any form or by any means, electronic, mechanical, photocopying, recording or otherwise without the prior permission of the publisher.

Cover art: **Sukirti Kar**
Interior Design: Ezy's Publication

ISBN- 978-1-64560-419-8 (Paperback)

Printed in the United States of America

## ସମର୍ପଣ

ଜାଣେନା। କେମିତି ସେମାନେ କାହାଠୁ ଅନ୍ତରଙ୍ଗତା ଟିକିଏ ନ'ପାଇ ବି ନିଜକୁ ପଲପଲ କରି ବିଭକ୍ତ କରନ୍ତି, ଦିନର ଅଜସ୍ର ଯନ୍ତ୍ରଣା ସତ୍ତ୍ୱେ ଷୋଳ ଶୃଙ୍ଗାର କରି ପୁଣି ରାତି ଲାଗି ପ୍ରସ୍ତୁତ ହୁଅନ୍ତି, ନିଜର କିଛି ଭୁଲ ନଥିଲେ ବି ପଶ୍ଚାତାପର ଅଗ୍ନିରେ ଅହରହ ଛଟପଟ ହୁଅନ୍ତି। ଏମିତି ଏକ ଲକ୍ଷ୍ୟହୀନତାର ଜୀବନ ଜିଇ ଅନ୍ୟକୁ ଦେହସୁଖ ବାଣ୍ଟି ଦେଉଥିବା ଗଣିକା ମାନଙ୍କ ହାତରେ 'ଆମ୍ରପଲ୍ଲୀ' ସମର୍ପିତ।

— ସସ୍ମିତା।

# ମୁଖବନ୍ଧ

ପୃଥିବୀରେ ପ୍ରତିଟି ମଣିଷର ବଞ୍ଚିବାର ଅଧିକାର ଥାଏ। କିନ୍ତୁ, ଗୋଟିଏ ଗଣିକାର ସେ ଅଧିକାର ପାଦରେ ଦଳିଚକଟି ଫିଙ୍ଗି ଦିଆଯାଏ ଦୂରକୁ। ଯେଉଁଠି ସେ ଯନ୍ତ୍ରଣାରେ ଛଟପଟ ହେଲେ ତାହା ଭେଦିଯାଏ ନୀଳ ଆକାଶରେ। ଯୋଉଠି ତା' ଲୁହ ବୁନ୍ଦାଏ ଝରିଯାଇ ପାଲଟିଯାଏ କଳକଳ ସ୍ରୋତସ୍ୱିନୀ। ଅଥଚ ସେ ବେଦନାର ସ୍ୱର ଅନ୍ତର୍ହିତ ହେଇଯାଏ ଶକ୍ତିଶାଳୀ କପଟୀ ବ୍ୟକ୍ତିମାନଙ୍କର ତଥାକଥିତ ନୈତିକତା ଏବଂ ଚେତନାହୀନ ଉତ୍ପୀଡ଼ନରେ। ସେମିତି ଏକ ଯନ୍ତ୍ରଣା ଜର୍ଜରିତ କରୁଣ ଜୀବନର କୋମଳ ପ୍ରତିବେଦନ 'ଆମ୍ରପଲ୍ଲୀ'। ବୈଶାଳୀର ଏକ ଗରିବ ଦମ୍ପତିଙ୍କୁ ଆମ୍ବଗଛ ମୂଳେ ପ୍ରାପ୍ତ ହୁଏ ଶିଶୁ କନ୍ୟାଟିଏ। ଆମ୍ର ମୁକୁଳସମ କୋମଳ କନ୍ୟାଟିର ନାମ ରଖାଯାଏ ଆମ୍ରପଲ୍ଲୀ।

ଖ୍ରୀଷ୍ଟପୂର୍ବ ପଞ୍ଚମ ଶତାବ୍ଦୀର କଥା। ମହାକାରୁଣିକ ତଥାଗତ ବୁଦ୍ଧଙ୍କର 'କାମନାର ବିନାଶରେ ଦୁଃଖର ବିନାଶ'ର ମହାମନ୍ତ୍ରରେ ଅଭିମନ୍ତ୍ରିତ ହେଉଥାଏ ସାରା ଭାରତ ଭୂଖଣ୍ଡ। ଠିକ୍ ସେଇ ସମୟରେ ଇତିହାସର ଆଇନାରେ ସବୁଠୁ ସୌନ୍ଦର୍ଯ୍ୟମୟୀ ନାରୀ ଭାବେ ପରଗଣିତ ହୁଏ ଆମ୍ରପଲ୍ଲୀ। କିମ୍ବଦନ୍ତୀ କୁହେ, ଆମ୍ରପଲ୍ଲୀର ବିବାହ ଦିନ ହିଁ ତା'ର ସୌନ୍ଦର୍ଯ୍ୟରେ ପାଗଳପ୍ରାୟ ବୈଶାଳୀର ରାଜା ମନୁଦେବ କୁଆଡ଼େ ଆମ୍ରପଲ୍ଲୀର ପିଲାଦିନର ସାଥୀ ଓ ପ୍ରେମିକ ପୁଷ୍ପକୁମାରଙ୍କୁ ହତ୍ୟା କରିଥିଲେ। ତତ୍ପଶ୍ଚାତ୍ କାମନାପିପାଶୁ ରାଜା, ଅମାତ୍ୟ ଓ ବଣିକ ଆଦିଙ୍କ ସ୍ୱାର୍ଥ ଓ ରାଜନୈତିକ ଗୋଟିଚାଳନା ଆଗରେ ଅସହାୟ ଆମ୍ରପଲ୍ଲୀ ପାଲଟିଗଲା ସମଗ୍ର ବୈଶାଳୀର 'ନଗରବଧୂ' - ଜନପଥ କଲ୍ୟାଣୀ, ଦରବାରର ରାଜନର୍ତ୍ତକୀ।

ସମୟକ୍ରମେ ଆମ୍ରପଲ୍ଲୀକୁ ନେଇ ଗଢ଼ିଉଠିଥିଲା ଅନେକ କଥା ଓ କାହାଣୀ।

ମାତ୍ର ୧୧ ବର୍ଷ ବୟସରେ ତାକୁ ଘୋଷଣା କରାଯାଇଥିଲା ବୈଶାଳୀର ସର୍ବଶ୍ରେଷ୍ଠ ସୁନ୍ଦରୀ ଭାବେ। ସୁତରାଂ ଆମ୍ରପଲ୍ଲୀ ଥିଲା ବୈଶାଳୀର ସବୁଠୁ ପ୍ରଭାବଶାଳୀ ମହିଳା। ପୁରୁଷ ସହ ଶାରୀରିକ ସଂଭୋଗର ପ୍ରଥମ ପସନ୍ଦ ମିଳୁଥିଲା ଆମ୍ରପଲ୍ଲୀକୁ। ସୁନ୍ଦରୀ ଆମ୍ରପଲ୍ଲୀର କ୍ଷଣିକ ଦର୍ଶନ ପାଇଁ ସାଧାରଣ ପ୍ରଜାଙ୍କଠାରୁ ଆରମ୍ଭକରି ଧନୀକ ଓ ସମ୍ରାଟଙ୍କ ଯାଏ ଦୂରଦୂରାନ୍ତରୁ ଲୋକେ ଛୁଟି ଆସୁଥିଲେ ବୈଶାଳୀକୁ।

ପ୍ରବଳ ପରାକ୍ରମୀ ମଗଧ ଓ ବୈଶାଳୀ ମଧ୍ୟରେ ଶତ୍ରୁତା ଥିଲେ ମଧ୍ୟ ସମ୍ରାଟ ବିମ୍ବିସାର ଆମ୍ରପଲ୍ଲୀ ଘରେ ଛଦ୍ମବେଶରେ ରହିଥିଲେ। ସଙ୍ଗୀତ - ନିପୁଣ ବିମ୍ବିସାର ଆମ୍ରପଲ୍ଲୀକୁ ଗୀତ ଶୁଣାଉଥିଲେ ଏବଂ ଦୁହେଁ ଦୁହିଁଙ୍କୁ ଭଲ ପାଇ ବସିଥିଲେ। କିନ୍ତୁ ବିମ୍ବିସାରଙ୍କ ଅସଲ ପରିଚୟ ଜାଣିବାପରେ ଆମ୍ରପଲ୍ଲୀ ତାଙ୍କୁ ବୈଶାଳୀ ସହ ଶତ୍ରୁତା ପରିତ୍ୟାଗ କରିବା ସହ ବୈଶାଳୀ ଛାଡ଼ି ଚାଲିଯିବା ପାଇଁ ଅନୁରୋଧ କରିଥିଲା। ଆମ୍ରପଲ୍ଲୀର ପ୍ରେମରେ ମୁଗ୍ଧ ବିମ୍ବିସାର ତା' ଅନୁରୋଧ ରକ୍ଷା କରି ବୈଶାଳୀରୁ ଚାଲିଯାଇଥିଲେ। ସମ୍ରାଟ ବିମ୍ବିସାର ଓ ଆମ୍ରପଲ୍ଲୀର ପ୍ରଣୟରୁ ଜାତ ପୁତ୍ର ବିମଳକୋଣ୍ଡାନା ପରବର୍ତ୍ତୀ ସମୟରେ ବୌଦ୍ଧ ସଂଘର ଆଶ୍ରିତ ହୋଇ ମହାନ ବୌଦ୍ଧଭିକ୍ଷୁ ରୂପେ ପରିଗଣିତ ହୋଇଥିଲେ। ବିମ୍ବିସାରଙ୍କ ପୁତ୍ର ଅଜାତଶତ୍ରୁଙ୍କ ସହ ମଧ୍ୟ ଆମ୍ରପଲ୍ଲୀର ପ୍ରେମ ସମ୍ପର୍କ ଗଢ଼ି ଉଠିଥିଲା। କିନ୍ତୁ ଏହା ଜାଣିବା ପରେ ବୈଶାଳୀର ଜନତା ଆମ୍ରପଲ୍ଲୀକୁ କାରାଗାରରେ ବନ୍ଦୀ କରିଥିଲେ। ଏହି ଘଟଣା ଅଜାତଶତ୍ରୁଙ୍କୁ ଏତେ କ୍ରୋଧିତ କରିଥିଲା ଯେ ସେ ସମଗ୍ର ବୈଶାଳୀରେ ନିଆଁ ଲଗାଇ ଦେଇଥିଲେ। କାରାଗାରରୁ ବାହାରି ବିଧ୍ୱସ୍ତ ମାତୃଭୂମିର ଛବି ଦେଖିବା ପରେ ଆମ୍ରପଲ୍ଲୀ ନିଜ ପ୍ରେମକୁ ଜଳାଞ୍ଜଳି ଦେଇ ଅଜାତଶତ୍ରୁଙ୍କୁ ତ୍ୟାଗ କରିଥିଲେ।

ଆମ୍ରବୃକ୍ଷ ମୂଳରୁ ପ୍ରାପ୍ତ ଗରିବ ଦମ୍ପତିଙ୍କ ପାଳିତା କନ୍ୟା ବୈଶାଳୀର ନଗରବଧୂ ଆମ୍ରପଲ୍ଲୀ ଧୀରେ ଧୀରେ ସ୍ଥୁଳ ମଣିଷ ପ୍ରତି ପ୍ରେମର ନଶ୍ୱରତାକୁ ଉପଲବ୍ଧି କରେ। ସାଧାରଣ ମଣିଷଠାରୁ ବୃହତ୍ତର ଏକ ସତ୍ତା, ଏକ ଅସାଧାରଣ ବ୍ୟକ୍ତିତ୍ୱ ନିକଟରେ ନିସର୍ତ୍ତ ସମର୍ପଣ ପାଇଁ ବ୍ୟାକୁଳ ହୁଏ ଆମ୍ରପଲ୍ଲୀ। ତାର ସାରା ହୃଦୟ ଉଦ୍ଭାସିତ ହୁଏ 'ବୁଦ୍ଧଂ ଶରଣଂ ଗଚ୍ଛାମି'ର ଅବର୍ଣ୍ଣନୀୟ ଉଚ୍ଛ୍ୱାସରେ। ଗଣିକାର ଘୃଣିତ ଶରୀରରୁ ବାହାରି ସେ ହୁଏ କରୁଣାମୟ ବୁଦ୍ଧଙ୍କର ଶରଣାଗତ। ସୁନ୍ଦରୀ ଆମ୍ରପଲ୍ଲୀର ଉପସ୍ଥିତି ଭିକ୍ଷୁମାନଙ୍କ ପବିତ୍ରତାକୁ ନଷ୍ଟ କରିବାରେ ସହାୟକ ହେବାର ଆଶଙ୍କା କରି ବୁଦ୍ଧ ପ୍ରଥମେ ତାକୁ ସଂଘରେ ପ୍ରବେଶ କରିବାର ଅନୁମତି ଦିଅନ୍ତି

ନାହିଁ। କିନ୍ତୁ ଆମ୍ରପଲ୍ଲୀର ନିଷ୍ପାପ ଯୁକ୍ତି ଆଗରେ ଶେଷରେ ବୁଦ୍ଧ ହାର ମାନନ୍ତି। ଶତ ସୌନ୍ଦର୍ଯ୍ୟର ଅଧିକାରିଣୀ ନଗରବଧୂ ପାଲଟିଯାଏ ସାଧାରଣ ବୌଦ୍ଧ ଭିକ୍ଷୁଣୀ। ଆମ୍ରପଲ୍ଲୀ ଭେଟିଦିଏ ତାର ବିସ୍ତୃତ ଆମ୍ର ଉଦ୍ୟାନ ବୌଦ୍ଧ ସଂଘକୁ। ଏକଦା ସେଇ ଆମ୍ର ଉଦ୍ୟାନରେ ପ୍ରଦାନ କରାଯାଇଥିଲା ସୁଖଦୁଃଖରେ ଊର୍ଦ୍ଧ୍ୱରେ ଯାଇ ନିର୍ବାଣ ପାଇବାର ସୂତ୍ର - ମହାନ 'ଅମ୍ବପାଲିକା ସୁତ୍ତ'।

ଆମ୍ରପଲ୍ଲୀ ବ୍ୟତିରେକ ଇତିହାସର ପୃଷ୍ଠାରେ ବୋଧହୁଏ ଏମିତି ଆଉ ଗୋଟିଏ ଚରିତ୍ର ନାହିଁ ଯାହାର ଜୀବନ ଏତେ ସଂଘର୍ଷମୟ ଓ କରୁଣାମୟ ହୋଇଥିବ। ପୁରୁଷର ପିପାସାକୁ ଚରିତାର୍ଥ କରିବାକୁ ଆମ୍ରପଲ୍ଲୀକୁ ନଗରବଧୂରେ ପରିଣତ କରାଯାଇଥିବ। ପୁରୁଷ ସହ ଶରୀର ସଂଭୋଗର ପ୍ରଥମ ଅଧିକାର ମିଳୁଥିଲେ ବି ନିଜକୁ ଷୋଳ ଶୃଙ୍ଗାରରେ ସଜେଇଲା ପରେ କେଉଁଠି ନା' କେଉଁଠି ଆମ୍ରପଲ୍ଲୀର ମନ ଉହାଡ଼ରେ କପୋତୀଟିଏ ବାହୁନି ଉଠୁଥିବ, ଶରୀର ସର୍ବସ୍ୱ ଘୃଣିତ ଗଣିକା ଜୀବନରୁ ମୁକ୍ତି ମନାସୁଥିବ। ଶେଷରେ ସବୁ ସୌନ୍ଦର୍ଯ୍ୟ ଓ ସମ୍ପତ୍ତିର ମୋହକୁ ତୁଚ୍ଛକରି ସେ ସାଜିଥିବ ଗେରୁଆ ବସ୍ତ୍ର ପରିହିତା ବୌଦ୍ଧ ସନ୍ୟାସିନୀ। ଗୋଟିଏ ନାରୀର ଜୀବନ ଯେ ଏହାଠାରୁ ଅଧିକ ରୋମାଞ୍ଚକର ହୋଇପାରେ ତାହା ମୁଁ କଳ୍ପନା କରିପାରେନା।

୨୦୨୨ ମସିହାରେ 'ବ୍ଲାକ୍ ଇଗଲ' ଦ୍ୱାରା ପ୍ରକାଶିତ ମୋର କବିତା ପୁସ୍ତକ 'ଦେଖାହେଲେ କହିବି'ର ପ୍ରଥମ କବିତା ଥିଲା 'ଆମ୍ରପଲ୍ଲୀ'। କବିତାଟି ଲେଖିଲା ପରେ ଧୀରେ ଧୀରେ ଆମ୍ରପଲ୍ଲୀର ମୋହ ମୋର ସମଗ୍ର ଚେତନାକୁ ଆଚ୍ଛାଦିତ କଲା। ମୁଁ ଲେଖିଚାଲିଲି ଗୋଟିଏ ପରେ ଗୋଟିଏ କବିତା ଆମ୍ରପଲ୍ଲୀକୁ ନେଇ। ପୂର୍ବ କବିତାଟି ମଧ୍ୟ ଏଥିରେ ସାମିଲ କରାଯାଇଛି। ଏତେ ଲେଖିଲା ପରେ ବି ଲାଗୁଛି ଯେମିତି ଆମ୍ରପଲ୍ଲୀର କଥା ସରିନାହିଁ। କାରଣ ଆମ୍ରପଲ୍ଲୀ କେବଳ ବୈଶାଳୀର ନଗରବଧୂ ନୁହେଁ। ପ୍ରତିଟି ଗଣିକା ଭିତରେ ଛପି ରହିଛି ଆମ୍ରପଲ୍ଲୀର ଆତ୍ମା, ତା' ବ୍ୟଥା ଓ ବେଦନାର ମର୍ମସ୍ପର୍ଶୀ କାହାଣୀ, ଅସହାୟ ବିଳାପ। ଗଣିକାମାନଙ୍କ ଭାଗ୍ୟାକାଶରେ ପ୍ରତିଟି ପୁରୁଷ ତଥାଗତ ଭାବେ ଉଭାହୋଇ ସେମାନଙ୍କୁ ନର୍କଯନ୍ତ୍ରଣାରୁ ଉଦ୍ଧାର କରନ୍ତୁ।

ପୁସ୍ତକଟିର କବିତା ସମନ୍ୱୟ ଏବଂ ମୁଦ୍ରଣରେ ମୋ ଜୀବନସାଥୀ ସାହିତ୍ୟିକ ତଥା ସାମ୍ବାଦିକ ସୁକାନ୍ତ କରଙ୍କ ପ୍ରେରଣା ଓ ଅବଦାନ ଅତୁଳନୀୟ।

ବସୁଧାସମ ମୋ କବିତା ଲେଖା ସମୟର ଅନ୍ୟମନସ୍କତାକୁ ସହନ କରି ମୋତେ ପୁଣି ଲେଖିବାକୁ ପ୍ରୋତ୍ସାହିତ କରୁଥିବା ମୋ ଝିଅ ଭୂମି (ଆନା)ର ଆଗ୍ରହ ମୋ ମାନସପଟରେ ସଦା ଉଜ୍ଜୀବିତ । ମୋ ପାଣ୍ଡୁଲିପିଟି ଆମୂଳଚୂଳ ପଢ଼ି ଏହି ପୁସ୍ତକର ଅଗ୍ରଲେଖ ଲେଖିଥିବା ସ୍ୱନାମଧନ୍ୟ କବି ସୌଭାଗ୍ୟବନ୍ତ ମହାରଣା ତଥା ଆମ୍ରପଲ୍ଲୀର ଦ୍ୱିବିଧ ଚରିତ୍ରକୁ ଗୋଟିଏ ଚିତ୍ରରେ ଫୁଟାଇ ପ୍ରଚ୍ଛଦପୃଷ୍ଠାକୁ ପ୍ରାଣବନ୍ତ କରିଥିବା ମୋ ଛାତ୍ରୀ ସୁକୀର୍ତ୍ତି କରଙ୍କୁ ଆନ୍ତରିକ ଧନ୍ୟବାଦ ଜଣାଉଛି । 'ଆମ୍ରପଲ୍ଲୀ' କବିତା ପୁସ୍ତକଟିକୁ ପ୍ରକାଶନ କରିବା ନିମନ୍ତେ ସହମତି ପ୍ରଦାନ କରିଥିବା ବିଶିଷ୍ଟ ପ୍ରବାସୀ ସାହିତ୍ୟିକ ତଥା 'ବ୍ଲାକ ଇଗଲ ବୁକ୍ସ'ର ପ୍ରତିଷ୍ଠାତା ଶ୍ରୀଯୁକ୍ତ ସତ୍ୟ ପଟ୍ଟନାୟକଙ୍କୁ ଗଭୀର କୃତଜ୍ଞତା ଜଣାଉଛି । ଏ ସମସ୍ତଙ୍କର ସଦିଚ୍ଛା ଓ ଆନ୍ତରିକତାର ମାନସ କନ୍ୟା 'ଆମ୍ରପଲ୍ଲୀ' ।

ବୌଦ୍ଧ ପୂର୍ଣ୍ଣିମା, ୨୦୨୩ **ସସ୍ମିତା କର**

# ଅଗ୍ରଲେଖ

## 'ଆମ୍ରପଲ୍ଲୀ' : ନାରୀତ୍ୱର କୁହୁକ ଦିପାଳୀ

ବେଳେବେଳେ ଭାବର ସମୁଦ୍ର କୂଳରେ ବୁଲୁବୁଲୁ ଏକାକିନୀ ନାରୀଟେ ଶବ୍ଦର ଶାମୁକା ଗର୍ଭରୁ କବିତାର ମୁକ୍ତା ସାଉଁଟି ଆଣିବାକୁ ସମର୍ଥ ହୋଇଥାଏ। ଓଡ଼ିଆ ସାହିତ୍ୟରେ ସସ୍ମିତା କରଙ୍କ କବିତା ସେମିତି ପ୍ରଚୁର ସମ୍ଭାବନାର ଏକ ଉଜ୍ଜ୍ୱଳ ଦୃଷ୍ଟାନ୍ତ କହିଲେ ଅତ୍ୟୁକ୍ତି ହେବନାହିଁ। ତାଙ୍କ କବିତାର ମର୍ମସ୍ପର୍ଶୀ ଶବ୍ଦ ଗୁଞ୍ଜନ ଓ କୋମଳ ଭାବର ପ୍ରସାରିତ ଦିଗନ୍ତ ପାଠକଙ୍କୁ ମୁଗ୍ଧ କରିବାର ସାମର୍ଥ୍ୟ ରଖେ ଯାହା ତାଙ୍କ କବିତା ସଂକଳନ ସୁଖ୍‌ଦୁଖ୍ ପବ୍ଲିକେଶନ ପ୍ରକାଶିତ 'ଗୋଟେ ଗାଉଁଲି ଝିଅର କଥା' ଓ ବ୍ଲାକ୍ ଇଗଲ ପ୍ରକାଶିତ 'ଦେଖାହେଲେ କହିବି'ରୁ ସ୍ପଷ୍ଟ ଆଭାସ ମିଳେ। ଦ୍ୱିତୀୟ କବିତା ସଂକଳନ 'ଦେଖାହେଲେ କହିବି'ରେ ସ୍ଥାନିତ ତାଙ୍କ ପ୍ରଥମ କବିତା 'ଆମ୍ରପଲ୍ଲୀ'ର ମୋହ ଓ ମାୟାର ପ୍ରଖରତାରେ ସେ ସମ୍ପୂର୍ଣ୍ଣ ଆଚ୍ଛନ୍ନ ହୋଇଯାଇଥିଲେ, ଯାହା ପରବର୍ତ୍ତୀ ସମୟରେ ବୈଶାଳୀର ନଗରବଧୂ ତଥା ରାଜନର୍ତ୍ତକୀ, ଅପରୂପା ସୁନ୍ଦରୀ ଆମ୍ରପଲ୍ଲୀଙ୍କ ଜୀବନକୁ ନେଇ ସଂକଳନଟେ ପ୍ରକାଶ କରିବାକୁ ତାଙ୍କୁ ପ୍ରରୋଚିତ କରିଥିଲା।

ବୌଦ୍ଧଜାତକରେ ଲିପିବଦ୍ଧ ଆମ୍ରପଲ୍ଲୀର ଜୀବନ କାହାଣୀ ବୁଦ୍ଧଦେବଙ୍କ ସମୟର ଏକ ଅବିସ୍ମରଣୀୟ ଅଧ୍ୟାୟ ଯାହା ତତ୍‌କାଳୀନ ଦୁଇ ଶତ୍ରୁ ରାଜ୍ୟ ବୈଶାଳୀ ଓ ମଗଧର ରାଜନୈତିକ ଇତିହାସର ଆକାଶରେ ଘନ ବାଦଲ ସୃଷ୍ଟି କରିଥିଲା। ବହୁ ବର୍ଷ, ବହୁ ଶତାବ୍ଦୀର ଚର୍ଚ୍ଚିତ ଇତିହାସର ଚରିତ୍ରମାନେ କ୍ରମଶଃ ସାହିତ୍ୟରେ ମିଥ୍ ପାଲଟିଯାଆନ୍ତି। ସୁତରାଂ ଖ୍ରୀଷ୍ଟପୂର୍ବ ପଞ୍ଚମ ଶତାବ୍ଦୀର ଏହି ଯୁଗାନ୍ତକାରୀ

ମହାମାନବ ବୁଦ୍ଧଦେବଙ୍କ ବୌଦ୍ଧଧର୍ମର ପୃଷ୍ଠଭୂମିରେ ବୈଶାଳୀର ନଗରବଧୂ ଆମ୍ରପଲ୍ଲୀର ଆବିର୍ଭାବ ତତ୍‌କାଳୀନ ସାମାଜିକ, ରାଜନୈତିକ ଓ ଐତିହାସିକ ପ୍ରେକ୍ଷାପଟରେ ନୂତନ ସ୍ପନ୍ଦନ ସୃଷ୍ଟି କରିଥିଲା । ଆମ୍ରପଲ୍ଲୀ ଥିଲେ ବୈଶାଳୀ ନଗରୀର ଜଣେ ଅସାମାନ୍ୟ ରୂପସୀ ଗଣିକା ଯାହାଙ୍କ ଉପରେ ପର୍ଯ୍ୟବେସିତ ଏହି କବିତା ପୁସ୍ତକ ବିଦଗ୍ଧ ପାଠକଙ୍କ ପାଇଁ ଅର୍ପଣ କରିଛନ୍ତି କବି ସସ୍ମିତା କର ।

'ଆମ୍ରପଲ୍ଲୀ' କାବ୍ୟ ସଂକଳନର ୩୨ଟି ଯାକ କବିତା ସସ୍ମିତା କରଙ୍କ ଦୀର୍ଘ କାବ୍ୟ ରଚନା କରିବାର ଅବଦମିତ ଇଚ୍ଛାକୁ ସାକାର କରିଛି । ପ୍ରତିଟି କବିତାର ଭାବବିନ୍ୟାସ, ଶବ୍ଦ ସଂଯୋଜନା ଓ ନିହିତ ରୂପକଳ୍ପ ପାଠକଙ୍କୁ ନୂଆ ସ୍ୱାଦ, ନୂତନ ବିନ୍ୟାସ ଓ ମଧୁର ମୂର୍ଚ୍ଛନା ପ୍ରଦାନ କରିବାକୁ ସମର୍ଥ ବୋଲି ମନେହୁଏ । ବେଳେବେଳେ ଇତିହାସର ଚରିତ୍ରଗୁଡ଼ିକ ଗଳ୍ପ, ଉପନ୍ୟାସ, କବିତା ଓ ନାଟକରେ ଜୀବନ୍ତ ହୋଇ ଉଠନ୍ତି ସ୍ରଷ୍ଟାର ବିପୁଳ ଓ ଚମତ୍କାର ସୃଜନ କଳା ମାଧ୍ୟମରେ । ଏହି ସଂକଳନର ସାରାଂଶକୁ କବି ସସ୍ମିତା ନିମ୍ନୋକ୍ତ ପଂକ୍ତିରେ ସୁନ୍ଦର ଭାବେ ରୂପାୟନ କରିଛନ୍ତି ।

> "ଆମ୍ରପଲ୍ଲୀ କେବଳ ବୈଶାଳୀର ନଗରବଧୂ ନୁହେଁ । ପ୍ରତିଟି ଗଣିକା ଭିତରେ ଛପି ରହିଛି ଆମ୍ରପଲ୍ଲୀର ଆତ୍ମା, ତା ବ୍ୟଥା ଓ ବେଦନାର ମର୍ମସ୍ପର୍ଶୀ କାହାଣୀ, ଅସହାୟ ବିଳାପ । ଗଣିକାମାନଙ୍କ ଭାଗ୍ୟାକାଶରେ ପ୍ରତିଟି ପୁରୁଷ ତଥାଗତ ଭାବେ ଉଭା ହୋଇ ସେମାନଙ୍କୁ ନର୍କ ଯନ୍ତ୍ରଣାରୁ ଉଦ୍ଧାର କରନ୍ତି ।"

କବିତା ପୁସ୍ତକର 'ମୁଖବନ୍ଧ'ରୁ ଉଦ୍ଧୃତ ଏହି କିଛି ପଂକ୍ତି ଗଣିକା ମାନଙ୍କ ଅସହାୟ ଜୀବନରେ ତଥାଗତ ସେମାନଙ୍କ ତ୍ରାଣକର୍ତ୍ତା ହୁଅନ୍ତୁ ବୋଲି କବି ସସ୍ମିତାଙ୍କ ଅଭିମତ ବେଶ ପ୍ରଶଂସନୀୟ ।

ଗୈରିକ ବସ୍ତ୍ର ପରିହିତ ରାଜଭିକ୍ଷୁ ତଥାଗତଙ୍କ ବୈଶାଳୀରେ ପ୍ରଥମ ଆଗମନକୁ ଲକ୍ଷ୍ୟ କରି ଆମ୍ରପଲ୍ଲୀ ହୀରା, ନୀଳା, ମୋତି ଆଭୂଷଣ ସହ ନିଜ ଉଛୁଳା ଯୌବନକୁ ଭେଟି ଦେବାକୁ ଇଚ୍ଛା କରିଥିଲେ କିନ୍ତୁ ତଥାଗତଙ୍କ ଏ ସବୁରେ ମୋହମାୟା, ଆସକ୍ତି ନଥିଲା । ସସ୍ମିତାଙ୍କ ନିମ୍ନୋକ୍ତ ପଦାବଳୀ ତାହାର ମନୋଜ୍ଞ ପରିଚୟ ପ୍ରଦାନ କରେ – "ମୁଁ କଣ ଦେବି ତୁମକୁ ? / ମୁଁ ଚାହିଁଲେ / ମୁହୂର୍ତ୍ତକେ ଭେଟି ଦେଇଥାନ୍ତି / ମୋ ସୁନା ହୀରା / ମୋତି ଆଭୂଷଣ / ଭେଟି ଦେଇଥାନ୍ତି /

ମୋ ଉଛୁଳା ଆୟୁଷର / ଅବଶିଷ୍ଟ ପଣ / ମୁଁ ଚାହିଁଲେ ଭେଟି ଦେଇଥାନ୍ତି / ମୋ ମନପ୍ରାଣ / ଉଉଲା ଶରୀର / ହେଲେ, ଏତେ ଭାଗ୍ୟ ମୋର କାହିଁ / ସେ ସବୁ ଯେ / ଅଲୋଡ଼ା ତୁମର।" (କବିତା-୧)।

କବିତା ପୁସ୍ତକର କବିତା (୨)ରେ ଆମ୍ରପଲ୍ଲୀ ନିଜକୁ ପାଟ ଶାଢ଼ୀ, ସୁନା, ରୂପା, ହୀରା ଅଳଙ୍କାରରେ ଦେହକୁ ସଜାଇ ରାଜଭିକ୍ଷୁଙ୍କୁ ଭେଟିବାକୁ ମନସ୍ଥ କରିଥିଲା। କେଜାଣି ହଠାତ୍ ତାଙ୍କ ମନରେ ଗଭୀର ପରିବର୍ତ୍ତନ ଆସିଛି ନିଜକୁ ଭିକ୍ଷୁଣୀ ରୂପରେ କଳ୍ପନା କରି ସୌନ୍ଦର୍ଯ୍ୟର ଠାବ କରିବାକୁ। "ସୌନ୍ଦର୍ଯ୍ୟ କୋଉଠି ଥାଏ ? / ଦେହରେ / ମନରେ / ନା ପ୍ରେମିକାର / ସଲ୍ଲଜ ଠାଣିରେ ! / ନା ଶାନ୍ତସ୍ନିଗ୍ଧ ଭିକ୍ଷୁଣୀର / ସଜଳ ଆଖିରେ !।"

କବିତା ପୁସ୍ତକର କବିତା (୪)ରେ କବି ଆମ୍ରପଲ୍ଲୀର ବୁଦ୍ଧଦେବଙ୍କ ପାଖରୁ ଶୂନ୍ୟ ଭିକ୍ଷାଥାଳଟିଏ ଯାଚନା କରିବାର ପ୍ରଗାଢ଼ ଆଶାକୁ ଚମତ୍କାର ଭାବରେ ଚିତ୍ରିତ କରିଛନ୍ତି। "ଜଣାଥିଲା / ତୁମେ ଦିନେ ଆସିବ / ମୋ ଅପରୂପ ସୌନ୍ଦର୍ଯ୍ୟର / ଲକ୍ଷେ ଆବେଗକୁ ତୁଚ୍ଛକରି / ମୋତେ ଗୋଟେ / ଅପରୂପା ଭିକ୍ଷୁଣୀର / ରୂପ ଯାଚିଦେବ / ଜଣାଥିଲା, ସେଦିନ / ବୈଶାଳୀ ନଗରବଧୂ / ଆମ୍ରପଲ୍ଲୀ / ଶୂନ୍ୟ ଭିକ୍ଷାଥାଳ ଟିଏ / ତୁମଠାରୁ ଯାଚନା କରିବ।"

କାମନା, ବାସନା, ଭୋଗବିଳାସର ମାୟାମୋହରେ ମଣିଷ ଅନ୍ଧ ହୋଇଯାଏ। ନାରୀ ପାଲଟିଯାଏ ଜନକ୍ଷୁଧାର ପ୍ରତୀକଟେ, ଗଣିକା ବା ବେଶ୍ୟା ରୂପରେ ନିଜକୁ ସଜାଇ। ସତେ ଯେମିତି କାମାନ୍ଧ ନାରୀଟେ ପ୍ରତିଦିନ ପ୍ରତିମୁହୂର୍ତ୍ତରେ ବେଶ୍ୟା ହେଉଥାଏ। କବିଙ୍କ ଭାଷାରେ -"ଅର୍ଥକୁ ଅନର୍ଥ / ଅନର୍ଥକୁ ଅର୍ଥକରି / ନାନାଦି ପ୍ରକାରେ / ନାରୀଟିଏ / ଶରୀର ସର୍ବସ୍ୱ / ପ୍ରିୟା କି ଗଣିକା / ପୁରୁଷର ତୁଚ୍ଛ ଇସାରାରେ / ଘୋର ବର୍ଷା / ଶୀତ କାକରରେ / ଯିଏ ଯାହା ମତେ ଚାଲୁଥାନ୍ତି / ନାରୀଟିଏ / ବେଶ୍ୟା ହେଉଥାଏ / ପ୍ରତିଦିନ / ପ୍ରତି ମୁହୂର୍ତ୍ତରେ।" (କବିତା -୮)।

ଏକ ଐତିହାସିକ ନାରୀ ଚରିତ୍ରକୁ କବି ସସ୍ମିତା ବେଶ୍ୟାରୁ ଜଣେ ଶୁଦ୍ଧପୂତା ନାରୀଟେ ଭଳି ଗଢ଼ି ତାଙ୍କ ସର୍ଜନାକୁ ମହିମାଦୀପ୍ତ କରିଛନ୍ତି। ବୈଶାଳୀର ବାରନାରୀଟିଏ ଗଭୀର ଆଶାରେ ତଥାଗତଙ୍କୁ ଅପେକ୍ଷା କରିଛି ନିଜ ପାପକୁ ପ୍ରକ୍ଷାଳନ କରି ଏକ ନିଷ୍ପାପ ସକାଳର ସଂଦର୍ଶନ କରିବାକୁ। "ଖାଲି ସେଇଥିପାଇଁ / ଆଶାଥିଲା / ତୁମେ ଦିନେ / ନିଶ୍ଚୟ ଆସିବ / ସେଦିନ

ମୋ / ପାପ ସବୁ / କିମ୍ବଦନ୍ତୀ / ଆମ୍ରପଲ୍ଲୀ / ପାଲଟି ଯାଉଥିବ / ନିଷ୍ପାପ ସକାଳ।" (କବିତା - ୧୨)।

'ଆମ୍ରପଲ୍ଲୀ' କବିତା ପୁସ୍ତକର କବିତା (୧୭)ରେ ଆମ୍ରପଲ୍ଲୀ ରାଜଭିକ୍ଷୁ ବୁଦ୍ଧଦେବଙ୍କ ଅପାର କରୁଣା ଓ ଦୟାର ପାତ୍ର ହୋଇ ରାଜା, ଧନୀକ ବ୍ୟବସାୟୀ ମାନଙ୍କୁ ପଛରେ ପକେଇ ସଡ଼କରେ ମଥାଟେକି ସଭିଙ୍କ ଆଗରେ ଚାଲୁଥିବାର ଦୃଶ୍ୟବୋଧକୁ କବି ମଞ୍ଜୁଳ ଭାବରେ ନିମ୍ନୋକ୍ତ ପଂକ୍ତି ମାନଙ୍କରେ ବର୍ଣ୍ଣନା କରିଛନ୍ତି। "କେବେ କାଳେ / ମୋ ଘୁମନ୍ତ କଲିଜା / ଶିହରି ଉଠିବ / ତୁମ କରୁଣାର / ସ୍ପର୍ଶ ବାଜି / ମୋ କପାଳ / ଚୂର୍ଣ୍ଣ କୁନ୍ତଳରେ / ସେଦିନ ଯେତେ ଯେତେ / ରାଜା କି ବଣିକ / ବିଭବ ଐଶ୍ବର୍ଯ୍ୟ / ସମସ୍ତଙ୍କୁ ପଛରେ ପକେଇ / କେଉଁ ଏକ ନାମହୀନ / ଆମ୍ରପଲ୍ଲୀ / ମଥା ଟେକି ଚାଲୁଥିବ / ସବୁଠୁ ଆଗରେ।"

ଆମ୍ରପଲ୍ଲୀର କବିତା (୨୧) ଗୋଟେ ଭାବଗର୍ଭକ ଓ ଆବେଗପ୍ରବଣ କବିତା ଯେଉଁଠି ଜନ୍ମ ଜନ୍ମର ଜୀବନ ଓ ମୃତ୍ୟୁର ଗୂଢ଼ କଥା ତଥା ପ୍ରେମ ଓ ପ୍ରତୀକ୍ଷାର ମନୋଜ୍ଞ ଭାବ ପ୍ରକଟିତ ହୋଇଛି। "କେତେଥର / ମଲାପରେ ମୁଁ ପୁଣି / ଜନ୍ମ ନେଇଥିବି / ମଶାଣିରେ ଘାସଫୁଲ / ଅବା ଶୀତରେ କାକର / ହେଇ ଝରିପଡ଼ିଥିବି / କବିତାର ଶେଷ ଧାଡ଼ି / ସରିଗଲା ପରେ / ମୁଁ କେବେ ପ୍ରେମର ଫଲ୍‌ଗୁ ହେଇ / ବହି ଯାଇଥିବି / କେବେ ଆମ୍ର ମୁକୁଳରେ / କେବେ ପାହାନ୍ତି ପହରେ / ମୋ ଛବିକୁ ଦେଖି / ମୁଁ ଚମକୁଥିବି।"

କବିତା ପୁସ୍ତକର କବିତା (୨୬)ରେ କବି ସସ୍ମିତାଙ୍କ ଉଚ୍ଚାରଣ ବାସ୍ତବିକ ଉଲ୍ଲେଖନୀୟ ମନେହୁଏ। ଗୌତମ ବୁଦ୍ଧ ଧରାଧାମରେ ଅବତୀର୍ଣ୍ଣ ହେବାପରେ ଅନେକ ପରିବର୍ତ୍ତନ ଘଟିଲା। ଯୁଦ୍ଧ ଓ ହିଂସାରେ ଜର୍ଜରିତ ପୃଥିବୀରେ ଅମୃତର ଆଶ୍ଲେଷ ଦେଖିବାକୁ ମିଳିଲା। ଯୁଦ୍ଧ ଭୂମି ବି ତୀର୍ଥ ଭୂମି ପାଲଟିଗଲା ତଥାଗତଙ୍କ ଆଗମନ ପରେ ଯାହା ଆମ୍ରପଲ୍ଲୀକୁ ଏକ କଳୁଷହୀନ ନବଜନ୍ମର ଉପହାର ଦେଇଛି। "କିଏ ଜାଣିଥିଲା / ସବୁକିଛି ଏମିତି ବଦଳିଯିବ / ସସାଗରା ମାଟି ଓ ଆକାଶ / ଥାଳରେ ସାଇତିଦେଇ / ତୁଚ୍ଛ ଯୋଗୀଟିଏ / ରାଜୁତି କରିବ / କିଏ ଜାଣିଥିଲା / ଯୁଦ୍ଧ ଆଉ ହିଂସାରେ କାତର / ବିଷର୍ଣ୍ଣ ପୃଥିବୀ / ଅମୃତର ଆଶ୍ଲେଷରେ ତୀର୍ଥ ପାଲଟିବ।"

ତଥାଗତ ବୁଦ୍ଧଙ୍କର ବାଣୀ ଓ କର୍ମନିଷ୍ଠା ଭିତରେ ନିର୍ବାଣର ମାର୍ଗ ଉତ୍ତମ

ରୂପେ ବ୍ୟାଖ୍ୟା କରାଯାଇଛି। ଆମ୍ରପଲ୍ଲୀର ଚିନ୍ତା ଓ ଚେତନାରେ ବୁଦ୍ଧବାଣୀର ଗୁରୁତ୍ୱ ଓ ମହତ୍ତ୍ୱକୁ କବି ସସ୍ମିତା ସୁଚାରୁରୂପେ ଦର୍ଶାଇଛନ୍ତି ଏହି କବିତା ସଂକଳନରେ। ନିର୍ବାଣ ସମ୍ପର୍କରେ କବି ବିଭିନ୍ନ ଉପମା ଓ ଚିତ୍ରକଳ୍ପମାନଙ୍କୁ ସଜେଇଛନ୍ତି କବିତା ପୃଷ୍ଠାରେ ତାଙ୍କ ପଂକ୍ତି ମାଧ୍ୟମରେ। "ନିର୍ବାଣ କଣ / ନୈରାଶ୍ୟର ଅନ୍ଧାର ଭିତରେ / ଉଜ୍ୱଳ ନକ୍ଷତ୍ର ? / ଦୂର ନୈପଥ୍ୟରୁ / ଭାସି ଆସୁଥିବା / ମନ୍ତ୍ରପାଠ / ମୃଦୁ କୋଳାହଳ ? / ନା ମୋ ଜନ୍ମରୁ / ମୃତ୍ୟୁ ଯାଏ / ଆଲୋକିତ କରୁଥିବା / ଛାୟାପଥ / ଅଦୃଶ୍ୟ ଈଶ୍ୱର ?" (କବିତା - ୨୮)। ଏଠାରେ କବିଙ୍କ ଶବ୍ଦଚିତ୍ର ଓ ଭାବକଳ୍ପର ମଧୁର ମିଳନ ଘଟିଛି ଯାହା କବିତାଟିକୁ ସୁଖପାଠ୍ୟ କରିପାରିଛି।

'ଆମ୍ରପଲ୍ଲୀ' କବିତା ପୁସ୍ତକରେ କବିତା (୩୦) ଶବ୍ଦ, ଭାବ ଓ ଚିତ୍ରକଳ୍ପର ପୃଷ୍ଠଭୂମିରେ ଗୋଟେ ସାର୍ଥକ କବିତା। କବିତାରେ 'ମୁଁ କିଏ'ର ଉପନିଷଦୀୟ ରହସ୍ୟ ଭଳି କବିଙ୍କୁ ଆଚ୍ଛନ୍ନ କରିଛି ନୀରବତା, କୋଳାହଳ, ଶୂନ୍ୟତା, ଯୁଦ୍ଧ ରକ୍ତପାତର ବିଭୀଷିକା ତଥା ନିଃସଙ୍ଗ ଜୀବନର ଆତୁରତା। ଆମ୍ରପଲ୍ଲୀ ନିଜକୁ ନିଜେ ଭାବୁଛି ସତେ କି ସେ ଜଣେ ସାଧ୍ୱୀ -ପରୀ, ଆମ୍ରର ଉଦ୍ୟାନ ନା ବୋଧିଦ୍ରୁମ, ନଦୀ ନିରଞ୍ଜନାର ଅପୂର୍ବ ଜଳପ୍ରବାହ, ମଗଧ ମାଟିର ଅଭିଷିକ୍ତା ନାୟିକା, କେବେ ଗୋପା ତ କେବେ ମହାମାୟା। କବିଙ୍କ ଲେଖନୀ ଏଠାରେ ପ୍ରଭାବଶାଳୀ ହୋଇଛି ଯାହା ପାଠକଙ୍କୁ ନୂଆ ଦିଶା ପ୍ରଦାନ କରିବ। "ସେଇ ସାଧ୍ୱୀ କଣ ମୁଁ ! ! / ମୁଁ କଣ / ଆମ୍ରର ଉଦ୍ୟାନ ନା / ମହା ବୋଧିଦ୍ରୁମ / ମୁଁ କି ଫଲଗୁ ଓ / ନଦୀ ନିରଞ୍ଜନା / ମୁଁ କେବେ ଅଭିଷିକ୍ତା / ମଗଧ ମାଟିରେ / ଆଉ କେବେ / ସମ୍ପୂର୍ଣ୍ଣ ବୈଶାଳୀ / କେବେ ମୁଁ / ପାଲଟେ ଗୋପା / କେବେ ମହାମାୟା / କେବେ ମୁଁ / ଭିକ୍ଷାଥାଳ ଆଉ / କେବେ ମହାକାରୁଣିକ ବୁଦ୍ଧ / ମୁଁ ଆମ୍ରପଲ୍ଲୀ।"

କବିତା ପୁସ୍ତକର ଶେଷ କବିତା ହେଉଛି କବିତା (୩୨) ଯେଉଁଠି ଜୀବନ ଓ ମୃତ୍ୟୁ, ଜନ୍ମ ଓ ପରଜନ୍ମ, ପ୍ରାପ୍ତି ଓ ଅପ୍ରାପ୍ତିର ମନୋଜ୍ଞ କାହାଣୀ, ଖୋଜା ଲୋଡ଼ା ଓ ଭଙ୍ଗାଗଢ଼ାର ନିଆରା କଥାମାନଙ୍କ ସମାବେଶ ଘଟିଛି। ଆମ୍ରପଲ୍ଲୀର କଣ୍ଠରୁ ଝରୁଛି ଧୂସର ପୃଥିବୀ ପୃଷ୍ଠରେ ଛଳଛଳ ଘାସଫୁଲ ହେବାର ସ୍ୱପ୍ନ, ଗୋଧୂଳିର ପକ୍ଷୀଙ୍କ କାକଳି, ଅମାବାସ୍ୟାର ଘନକୃଷ୍ଣ ରାତିରେ ମିଟିମିଟିକା ତାରାଟିଏ ହେବାର ଇଚ୍ଛା। କବି ସସ୍ମିତା କରଙ୍କ ଲେଖନୀରେ ତାହାକୁ ନେଇ ଶବ୍ଦ ଓ ଭାବର ମଧୁର ମିଳନ। ଏଠାରେ କବିଙ୍କ ଆଶାବାଦର ସ୍ୱର ବେଶ ପ୍ରଖର ଓ ଭାବୋଦ୍ଦୀପକ। "ମୁଁ

ପୁଣି ଫେରିବି / ଧୂସରିତ ପୃଥିବୀ ବକ୍ଷରେ / ଛଳଛଳ ଘାସଫୁଲ / ଗୋଧୂଳିର ଚଢ଼େଇ ଗୀତରେ / ଦୁକୁଦୁକୁ ତରାଟିଏ ହେଇ / ଉଆଁସିଆ ଅନ୍ଧାର ରାତିରେ / ସମୁଦ୍ର ସ୍ନାହାନ ସାରି / ତୁମେ ଯେବେ / ଅଭିଷିକ୍ତ ହେଉଥିବ / ଆମ୍ରପଲ୍ଲୀ / ମନ ଉଦ୍ୟାନରେ।" ଏଇ ଶେଷ କବିତାଟି ଆମ୍ରପଲ୍ଲୀର ଜୀବନ ଦର୍ଶନର ଏକ ସଫଳ ଦୃଷ୍ଟାନ୍ତ କହିଲେ ଯଥାର୍ଥ ହେବ।

ଆମ୍ରପଲ୍ଲୀ ନଗରବଧୂ ତଥା ରାଜନର୍ତ୍ତକୀ ସମ୍ପର୍କରେ ବିଭିନ୍ନ ଭାରତୀୟ ଭାଷାରେ ଅନେକ କବିତା ଗ୍ରନ୍ଥ, ଉପନ୍ୟାସ, କାହାଣୀ, ନାଟକ ଆଦି ରଚିତ ହୋଇ ଭାରତୀୟ ସାହିତ୍ୟ, ସଂସ୍କୃତି ଓ ପରମ୍ପରାକୁ ଗୌରବାନ୍ୱିତ କରିଛି। ବୈଶାଳୀ ଓ ମଗଧ ମଧ୍ୟରେ ବର୍ଷ ବର୍ଷରୁ ରହିଥିବା ଶତ୍ରୁତାକୁ ମିତ୍ରତାରେ ପରିଣତ କରିବାକୁ ଆମ୍ରପଲ୍ଲୀଙ୍କ ଅବଦାନ କୌଣସି ଗୁଣରେ ନ୍ୟୁନ ନୁହେଁ। କବି ସସ୍ମିତା କର 'ଆମ୍ରପଲ୍ଲୀ' ସଂକଳନରେ କେବଳ ଆମ୍ରପଲ୍ଲୀ ଉପରେ କବିତା ଲେଖିନାହାନ୍ତି। ତାଙ୍କ କବିତା ଗୁଡ଼ିକ ଭିତରେ ଗୌତମବୁଦ୍ଧଙ୍କ ସମେତ ତତ୍‌କାଳୀନ ସାମାଜିକ ଓ ରାଜନୈତିକ ବାତାବରଣର ଅନେକ ବିଷୟ ସ୍ଥାନ ପାଇଛି। ତାଙ୍କ କବିତାର ଆତ୍ମା ଭିତରେ "ବୁଦ୍ଧଂ ଶରଣଂ ଗଚ୍ଛାମି, ସଂଘଂ ଶରଣଂ ଗଚ୍ଛାମି ଓ ଧମ୍ମଂ ଶରଣଂ ଗଚ୍ଛାମି"ର ଅନ୍ତଃସ୍ୱର ସର୍ବଦା ଝଙ୍କୃତ ହେଉଛି ଯାହା ପାଠକଙ୍କୁ ଏକ ଆଧ୍ୟାତ୍ମିକ ଚେତନାରେ ଆପ୍ଲୁତ କରିଥାଏ। ବୁଦ୍ଧଦେବଙ୍କ ମୈତ୍ରୀ ଓ କରୁଣାର ପ୍ରେକ୍ଷାପଟରେ ଗଣିକା ଆମ୍ରପଲ୍ଲୀର ଚେତନାର ଦିଗବଳୟ ସମ୍ପ୍ରସାରିତ ଓ ସମୁଜ୍ଜ୍ୱଳ ହୋଇଉଠିଛି। କବି ସସ୍ମିତା କରଙ୍କ ଏ ଦୀର୍ଘ କବିତାର ଛତ୍ରେଛତ୍ରେ ତାଙ୍କ ଶବ୍ଦ ଓ ଭାବର ଲାଳିତ୍ୟର ସୂଚନା ମିଳେ ନିଶ୍ଚିତ ଭାବରେ। କବିତା ରଚନା କରିବା ଏବଂ ସମଗ୍ର କବିତା ଭିତରେ ସ୍ୱକୀୟତା ଓ ମୌଳିକତାକୁ ବଜାୟ ରଖିବା ସହଜସାଧ୍ୟ ନୁହେଁ। କବି ସସ୍ମିତା 'ଆମ୍ରପଲ୍ଲୀ' ଦୀର୍ଘ କବିତା ଲେଖି ପାଠକଙ୍କୁ କବିତାର ମୋହ ଭିତରକୁ ଠେଲି ଦେବାର ପ୍ରୟାସ କରିଛନ୍ତି। ସଂକଳନର ଶବ୍ଦପ୍ରୟୋଗ, ଚିତ୍ରକଳ୍ପର ବ୍ୟବହାର ଓ ନିଚ୍ଛକ ଶୈଳୀ ବାସ୍ତବିକ ପ୍ରଶଂସନୀୟ ଓ ଚିତ୍ତାକର୍ଷକ।

**- ସୌଭାଗ୍ୟବନ୍ତ ମହାରଣା**

## ୧

ତୁମେ ଆଜି ଆସୁଛ
କି ସେ ସମ୍ମୋହନ
ତୁମର ସେ ଆଗମନ
ବିନା ଆଭୂଷଣ
ଅଳଂକାର
ବିନା ମୁକୁଟରେ
ବୈଶାଳୀର ରାଜଦାଣ୍ଡ
ଛଳଛଳ
କେଉଁ ଏକ ରାଜଭିକ୍ଷୁ
ଆସୁଛନ୍ତି ବୋଲି
ଗୈରିକ ବସ୍ତ୍ରରେ,
ସାରା ବୈଶାଳୀର ପ୍ରଜା
ଯାଚିଦେଲା ହୃଦୟ ତାଙ୍କର
ଦେବାଦେବୀ ହାତପାତି ଦେଲେ
ତୁମରି ଥାଳରେ।
ମୁଁ କଣ ଦେବି ତୁମକୁ ?
ମୁଁ ଚାହିଁଲେ
ମୁହୂର୍ତ୍ତକେ ଭେଟି ଦେଇଥାନ୍ତି
ମୋ ସୁନା ହୀରା
ମୋତି ଆଭୂଷଣ
ଭେଟି ଦେଇଥାନ୍ତି

ମୋ ଉଚ୍ଛୁଳା ଆୟୁଷର
ଅବଶିଷ୍ଟ ପଣ
ମୁଁ ଚାହିଁଲେ ଦେଇଥାନ୍ତି
ମୋ ମନ ପ୍ରାଣ
ଉତ୍ତଳା ଶରୀର
ହେଲେ,
ଏତେ ଭାଗ୍ୟ ମୋର କାହିଁ
ସେ ସବୁ ଯେ
ଅଲୋଡ଼ା ତୁମର ।

■

୨

ମୁଁ ଖୋଜିଲି
ପିନ୍ଧିବାକୁ
ଜରିଦିଆ ପାଟ
ମଣିମାଣିକ୍ୟରେ ଫୁଟ
ହୀରାର କଙ୍କଣ
ମଥାରେ ମୋ
ଚନ୍ଦ୍ରଚୂଡ଼ ମଣି
ରୁଣୁଝୁଣୁ
ପାଉଁଜି ନିକ୍ୱଣ
ମୁଁ ଖୋଜିଲି ନାଇବାକୁ
କଜ୍ଜ୍ୱଳ ସିନ୍ଦୂର
ସୁବର୍ଣ୍ଣ ମେଖଳା ମୋର
ସୁବର୍ଣ୍ଣ କୁଣ୍ଡଳ
ରୁଣୁଝୁଣୁ ପାଦରେ ମୋ
ଅଳତାର ଗାର ।

ମୁଁ ଖୋଜିଲି -
ମୋ ଅଙ୍ଗରେ
କଳାପରେ
ଷୋଡ଼ଶ ଶୃଙ୍ଗାର
ମୁଁ ପୁଣି
ସୌନ୍ଦର୍ଯ୍ୟକୁ ଖୋଜି

ଆତ୍ତାମାତ୍ତା ହେଲି,
ସୌନ୍ଦର୍ଯ୍ୟ କୋଉଠି ଥାଏ ?
ଦେହରେ / ମନରେ
ନା ପ୍ରେମିକାର
ସଲ୍ଲଜ ଠାଣିରେ !
ନା ଶାନ୍ତସ୍ନିଗ୍ଧ
ଭିକ୍ଷୁଣୀର
ସଜଳ ଆଖିରେ !

■

# ୩

ଇଚ୍ଛାହୁଏ
ମୋର ଏଇ ସୁନ୍ଦରପଣକୁ
ଉତାରି ଦିଅନ୍ତି
ଶ୍ୱେତ ଶୁଭ୍ର ଶାଢ଼ୀଟେ
ବେଢ଼େଇ ହେଇ
କୁଳୁକୁଳୁ ଝରଣାରେ
ନିଜକୁ ଦେଖନ୍ତି
ବର୍ଷା ବୈଶାଖରେ
କେଉଁ ଶାମୁକା ଗର୍ଭରେ
ମୁଁ ମୁକ୍ତା ହେଇ
ଝରିଯା'ନ୍ତି
ଅବା କେଉଁ ସବୁଜିମା
ଶାଖାପ୍ରଶାଖାରେ
ପକ୍ଷୀ ହେଇ
ଗୀତ ଗାଉଥାନ୍ତି,

ନହେଲେ
ଧୂଳିକଣା ହେଇ
ପଡ଼ିଥାନ୍ତି
ତୁମ ଫେରନ୍ତା ବାଟରେ
ସବୁ ଗହଗହ
ଶୂନ୍ୟତାକୁ

ଆବୋରିବା ପରେ
ମୁଁ ପୁଣି
ମହମହ ବାସୁଥାନ୍ତି
କି ଅଜଣା
ପରିପୂର୍ଣ୍ଣତାରେ ।

ଇଚ୍ଛାହୁଏ
ମୋ ଦେହଟା
ପାଲଟିଯା'ନ୍ତା
ମନ ଏକ
ନୀଳ ଆକାଶର
ଯାହା ଇଙ୍ଗିତରେ
ମୁଁ ଉଡ଼ାଇ ଦିଅନ୍ତି
ପଞ୍ଜୁରୀର
ଶୁକ ପକ୍ଷୀ
ଦୂର ଦିଗନ୍ତରେ ।

ମୋ ଦରପୋଡ଼ା
ଆୟୁଷକୁ ଖସିମାଜି
ମୁଁ ଖାଲି ଥରଟିଏ
ତୋଳିଥାନ୍ତି ଗୋଟେ
ଛୋଟିଆ କୁଟୀର,
ତୁମେ ପରା
ପୂର୍ଣ୍ଣମୀ ପୁରୁଷ !
ସୂକ୍ଷ୍ମ ତରାଟିଏ ହେଇ
ଆଲୋକିତ କରୁଥାନ୍ତ
ମୋ କଳଙ୍କିତ
ବାହ୍ୟ ଅଭ୍ୟନ୍ତର,

ମୁଁ
ଦୋଚାରୁଣୀ
କାହୁଁ ବା ବୁଝିବି
କପାଳରେ
କେତେ ମୋର ଭାଗ୍ୟ
କେତେ ପୁଣି
ଦୁର୍ଭାଗ୍ୟର ଗାର !

ଆସ ଆସ
କେବେ ଯଦି
ଅଜାଣତେ ସଞ୍ଚିଥିବି
ଅଣୁ ପରମାଣୁ ସମ
ପୁଣ୍ୟ ଟିକେ
ଏ ଜୀବଦ୍ଦଶାରେ,
ଆସ ଆସ
ସେ ପୁଣ୍ୟର ସାକ୍ଷୀ ହେଇ
ଥରଟିଏ ଛୁଇଁ ଯାଅ
ମୋ ସମଗ୍ର ଆୟୁଷ
କିଏ ଜାଣେ
କେବେ ପୁଣି
ଭେଟ ହେବ
ଏ ଧରାରେ
ଅବା ମୃତ୍ୟୁ
ଆରପାରେ ।

■

## ୪

କିଏ ଜାଣିଥିଲା
ହଲଚଲ
ଝରଣା ପାଣିରେ
ଶାନ୍ତସ୍ନିଗ୍ଧ ମୁହଁଟିଏ
ଝଲସି ଦିଶିବ
ପାଉଁଶିଆ ଆକାଶରେ
ଉଇଁ ଆସିବ
ଚନ୍ଦ୍ରଉଦିଆ ଜହ୍ନ
ମାଳମାଳ ନକ୍ଷତ୍ରର
ଦୀପାଳି ରଚିବ ।

କିଏ ଜାଣିଥିଲା
ବୈଶାଳୀର
ମଶାଣି ଘାଟରେ
ଯୋଗୀ କି ଭୈରବ
ଆଉ ଜମା ବୁଲିବେନି
ବିଟପୀ ପୁରୁଷ
ଆମ୍ରପଲ୍ଲୀ ବାରିଅଗଣାରେ,
କିଏ ଜାଣିଥିଲା
ମୋ ରକ୍ତମାଂସ
ହାଡ଼ସବୁ
ଶୁଖିଗଲା ପରେ

କିଏ ଜଣେ ବୋଲୁଥିବ
ଚନ୍ଦନ ତୁଳସୀ
ମୋ ଡହଡ଼ହ
ଜରାମୃତ୍ୟୁ
ବିକଳ ଶରୀରେ।

କହିବାକୁ ଭୁଲି ଯାଇଥିଲି
ତୁମ ପାଇଁ ଥିଲା
ଗୋଟେ ବେଖାତିରପଣ
ତୁମ ପତ୍ନୀ ପୁତ୍ର
ରାଜପାଟ ଛାଡ଼ି
ବନସ୍ତକୁ ପଳାୟନ
ତୁମର ସେ
ଲଣ୍ଡିତ ମସ୍ତକ ସାଥେ
ଭିକ୍ଷାଥାଳ
ସନ୍ୟାସୀର ଗେରୁଆ ବସନ,
ହାୟରେ କପାଳ !
ଖାଲି ମତିଭ୍ରମ
ମଣିଷ ହିଁ କରିପାରେ
ଏମିତିକା
ଲକ୍ଷ୍ମୀଛଡ଼ା କାମ।

ଧୀରେ ଧୀରେ
ସେ ହେୟଜ୍ଞାନ
ଦୂର ହେଇ
କ୍ରୋଧମିଶା
ଭୟ ଜାତହେଲା

କି ରାଜା କି ରଙ୍କ
ସମସ୍ତଙ୍କ ଭିକ୍ଷାଦାନେ
ତୁମର ସେ ଭିକ୍ଷାଥାଳ
ଯେବେ ପୂର୍ଣ୍ଣ ହେଲା,

ମୁଁ ଆଉ ମୋ ପରି
ଗଣିକାମାନେ
ଆତଙ୍କିତ ରାତି
ଜୀଉଁଥିଲୁ
କାମୁକ ପୁରୁଷମାନେ
କାମନାର
ଅନ୍ତ ଖୋଜୁ ଖୋଜୁ
ସାରା ରାତି
ବିତିଯାଉଥିଲା ।

ଜଣାଥିଲା
ତୁମେ ଦିନେ ଆସିବ
ମୋ ଅପରୂପ ସୌନ୍ଦର୍ଯ୍ୟର
ଲକ୍ଷେ ଆବେଗକୁ ତୁଚ୍ଛକରି
ମୋତେ ଗୋଟେ
ଅପରୂପା ଭିକ୍ଷୁଣୀର
ରୂପ ଯାଚିଦେବ
ଜଣାଥିଲା, ସେଦିନ
ବୈଶାଳୀ ନଗରବଧୂ
ଆମ୍ରପଲ୍ଲୀ
ଶୂନ୍ୟ ଭିକ୍ଷାଥାଳଟିଏ
ତୁମଠାରୁ ଯାଚନା କରିବ ।

## ୪

ମୋ କୋମଳ ସୌନ୍ଦର୍ଯ୍ୟର
ବିହ୍ୱଳ ପଣରେ
ତାରାମାନେ
ଅଚାନକ
ଖସି ପଡୁଥିଲେ
ପୃଥିବୀ ବକ୍ଷରେ
ଚନ୍ଦ୍ରମା
ତା' ଶୀତଳତା
ନ୍ୟୁନକରି
ଛପିଗଲା
ବଉଦ ଫାଙ୍କରେ
ଅପ୍‌ସରାମାନେ
ଛଦ୍ମବେଶେ
ବୁଲୁଥିଲେ
ବୈଶାଳୀର ଗଳିକନ୍ଦି,
ଅନ୍ତପୁର ଖାଲିକରି
ରାଣୀମାନେ ବୁଲୁଥିଲେ
ତାରାଭର୍ତ୍ତି ରାଜଉଦ୍ୟାନରେ,

ଅଚାନକ
ନାଲିନେଳି ଘାସଫୁଲମାନେ
ଚିକ୍‌ଚିକ୍ କଲେ

କଅଁଳ ଖରାରେ
ରକ୍ଷିମାନେ ପାଲଟିଲେ
ନପୁଂସକ
ତରବାରୀ ଶୋଇଥିଲା
ମୁହଁମାଡ଼ି
ରାଜ ଉଆସରେ।

ହଠାତ୍ କିଏ ଜଣେ
ମୋ ଆଡ଼େ ଇସାରା କଲା -
ଯେତେଯେତେ
ବୈଶାଳୀର ନିପାରିଲା
ନପୁଂସକପଣ
ସବୁରି ପାଇଁକି
କୁଆଡ଼େ ମୁଁ ଦାୟୀ
ଦାୟୀ ମୋ ସୁନ୍ଦରପଣ!!

ପୁରୁଷଙ୍କ ଧର୍ମ ମୋକ୍ଷ
ଚାରି ପୁରୁଷାର୍ଥ
ସବୁକିଛି ମୋ ଲାଗି
ନିଷ୍ଫଳ ହେଲା
କୁମାରୀଙ୍କ ହସଖୁସି
ଷୋଡ଼ଶ ଶୃଙ୍ଗାର
କୁଆଡ଼େ ମୋ ପାଇଁକି
ସରମେ ଝାଉଁଳିଗଲା।

ମୁଁ ବା କେମିତି ଜାଣନ୍ତି!
ଝାଟିମାଟି ଅଗଣାରେ

ଗଙ୍ଗଶିଉଳିଟେ ହେଇ
ଫୁଟିବା ଝଡ଼ିବା
କଣ ଫୁଲର
ହାତରେ ଥାଏ ?
ମୁଁ ତ ନଈକୂଳ
ଚମ୍ପାଡ଼ାଳ
କେବେ ପବନେ ଦୋହଲେ
ଆଉ କେବେ
ଝଡ଼ବତାସରେ
ଭାଙ୍ଗିରୁଜି ଯାଏ ।

ମୋ ସୌନ୍ଦର୍ଯ୍ୟ
ହେଇଥିବ
ମୋ ପାଇଁକି
କେତେ ତପସ୍ୟାର ଫଳ
ମୋ ଜନ୍ମିବା / ଜିଇବା /
ବୈଶାଳୀର ମାଟିକୁ ଚୁମିବା
ହେଇଥିବ
କେତେ ଗୁଞ୍ଜରଣ
କେତେ କୋଳାହଳ ।

ମୋର ବା ଦୋଷ କଣ
ମୁଁ ଜନ୍ମହେବା
ଅନେକ ଆଗରୁ
ପୁଣି ମୃତ୍ୟୁପରେ
ଥିବ ଯେତେ
ବାକିଆ ଆୟୁଷ

ମୁଁ ଜୀବନକୁ
ବୁଝିବା ଆଗରୁ
ଲେଖାଯାଇ ସାରିଥିବ
ମୋ ଅସୀମ
ଘଟଣାବଳୀର
ପୁରା ଇତିହାସ,

ମୋ ଇଚ୍ଛା ଅନିଚ୍ଛାର
ଭୋଗ ସମ୍ଭୋଗର
କଣ ବା ମହତ ଥାଏ ?
ମୋ ଜନ୍ମ ଜନ୍ମ
ତପସ୍ୟାର
ସବୁ ଯୋଗଫଳ
କିଏ ବା ହିସାବ ରଖେ
ମୁହୂର୍ତ୍ତକେ ଆମ୍ରପଲ୍ଲୀ
ନଗରବଧୂରେ
ବଦଳିଯିବାର ବେଳ !

## ୬

ମୋ ସୌନ୍ଦର୍ଯ୍ୟ ଓ ସମର୍ପଣ
ଏମିତି ଯେ
ରାଜାମାନେ ଛାଡୁଥିଲେ
ଅନ୍ତଃପୁର
ରଜାର ଉଆସ
ମଗଧର
ରାଜରାସ୍ତା ଭୁଲି
ବିମ୍ବିସାର ଲେଖୁଥିଲେ
ବୈଶାଳୀ ବକ୍ଷରେ
ଆମ୍ରପଲ୍ଲୀ
ନାମେ ଇତିହାସ ।

ସେତେବେଳ ଯାଏ
ଜାଣିନଥିଲି
ଇତିହାସ କଣ
କିଏ ରଜା କିଏ ପ୍ରଜା
ଜାଣିନଥିଲି
କାହା ଇସାରାରେ ହୁଏ
ଜୀବନ ମରଣ
କେଉଁ ବୁଦ୍ଧ
କିଏ ବିମ୍ବିସାର

କାହାର କି ଯାଏଆସେ
ମୋ ସୁନ୍ଦର /
ଅସୁନ୍ଦରପଣ,

ଜଣା ନଥିଲା
ବୈଶାଳୀ ବାହାରେ
ଅନ୍ୟ ଏକ ପୃଥିବୀ
ଜଣା ନଥିଲା
ମୋ ଢଳଢ଼ଳ
ଜିଇବା ଭିତରେ
ଆଉଗୋଟେ
ଗୋଳିଆ ଜୀବନ,

କେମିତି ବା ଜାଣିଥାନ୍ତି !
ମୁଁ ତ ବିମୋହିତ ଥିଲି
ମୋ ଶୁକସାରୀ
ଆମ୍ବବଣ
ଧୂଳି ଧୂସରିତ ଘେରା
ନିର୍ମାୟା ଜୀବନ
ମୁଁ କଣ
ଏତେ ଅଲୋଡ଼ା ଯେ
ରହିଥାନ୍ତି ଲୋକ ଆଢୁଆଳେ ?
ଲୁଚିବାକୁ ଖୋଜିଥାନ୍ତି
ବୈଶାଳୀର
କୋଣ ଅନୁକୋଣ !

## ୭

ମୋତେ ଆଗଭଳି
ଜିଇବାକୁ ଦିଅ
ମୋ ବଗିଚାର
ୟୁଇ ହେନା
ନୀଳ ପ୍ରଜାପତି
ଆଷାଢ଼ର ଖରା ବର୍ଷା
ଲୁଚକାଳି ଖେଳ
ମୋତେ
ବିଭୋର ହେବାକୁ ଦିଅ
ଗାଈଜଗା ପିଲାଟିର
ବଂଶୀନାଦ
ଶ୍ୟାମଳ ସକାଳ ।

କେତେଥର ମାଗିଛି ମୁଁ
ପାହାନ୍ତିଆ ଆକାଶରେ
ଚିକ୍‌ମିକ୍ ତରା ଗୋଟେ
ଶୁଆଇଦେବାକୁ ମତେ
ପାହାନ୍ତି ପହରେ
ଛଳ ଛଳ ଝରଣାକୁ
ଗୀତଟିଏ ଲାଗି
ଯାଚନା କରିଛି
ଅତି ଆଗ୍ରହରେ,

କେତେଥର ମଶାଣି ମାଟିରୁ
ସାଉଁଟି ପିନ୍ଧିଛି
ମଲ୍ଲୀହାର
ସଫେଦ ରଙ୍ଗର ଶାଢ଼ୀ
ବିତାଇଛି
ଉଆଁସ ଅନ୍ଧାର ରାତି
ଅଚିହ୍ନା ଲୋକର ଘରେ
ଅଜଣା ଅତିଥି ପରି ।

ପ୍ରତିଥର
ଫେରାଇ ଦେଇଛି ମୋତେ
ଅସୀମ ସାଗର
କୁଳୁକୁଳୁ ନଈକୂଳ
ପାହାଡ଼ ନିର୍ଝର
ପ୍ରତିଥର ମୋ ଇଚ୍ଛାରେ ଜିଇବାକୁ
ସଜ ହେଲାପରେ
ମୁଁ ପୁଣି ବାନ୍ଧିଛି ଫେରି
ପାଦରେ ନୂପୁର
ଉତ୍ତର ଖୋଜିନି
ମରଣ ମାଗିନି
ଖୋଜିନି ବି
ମୋକ୍ଷ କି ମନ୍ଦିର ।

■

୮

ଯିଏ ଯେଝା ମତେ
ଚାଲିଗଲେଣି ଏଥର
ନିର୍ବେଦ ହେଇଗଲାଣି
ଆକାଶର ଶବ୍ଦ
ନିରବି ଗଲାଣି
ପ୍ରାର୍ଥନାର ଅନ୍ତଃସ୍ୱର ।

ସହସ୍ର ଫଣାର
ଫୁତ୍କାରରେ
ଅସମ୍ଭବ ଉତ୍ପୀଡ଼ନ
କାମନାର
ଭୋଗର
ମୁଁ ତ୍ରସ୍ତ ହରିଣୀ
ମଧ୍ୟଭାଗେ ଠିଆ
ଚାରିଆଡ଼େ
ଦୁଷ୍ଟ ଦାବାନଳ ।

ଅର୍ଥକୁ ଅନର୍ଥ
ଅନର୍ଥକୁ ଅର୍ଥ କରି
ନାନାଦି ପ୍ରକାରେ
ନାରୀ ହୁଏ
ଶରୀର ସର୍ବସ୍ୱ

ପ୍ରିୟା କି ଗଣିକା
ପୁରୁଷର ତୁଚ୍ଛ ଇସାରାରେ
ଘୋର ବର୍ଷା
ଶୀତ କାକରରେ,
ଯିଏ ଯାହା ମତେ ଚାଲୁଥାନ୍ତି,
ନାରୀଟିଏ
ବେଶ୍ୟା ହେଉଥାଏ
ପ୍ରତିଦିନ
ପ୍ରତି ମୁହୂର୍ତ୍ତରେ।

■

## ୯

ତୁମକୁ ଦେଖିବି ବୋଲି
ସଶରୀରେ
ମୁଁ ଛାଡ଼ି ଆସିଛି
ଅଷାଢ଼ ଆୟୁଷ
ମୋ ଦେହର
ଖୋଳପା ଭିତରେ
ମୁଁ ପୁଣି ଫେରିବି
ମୋ ଶାନ୍ତିର
ତଲ୍ଲୀନ ଗୃହକୁ
ତୁମ ସହ କ୍ଷଣଟିଏ
ବିତାଇଲା ପରେ ।

ହଠାତ୍ ଲାଗିଲା
ଯେମିତି ଆକାଶରେ
ସିନ୍ଦୂରା ଫାଟିଲା
ସହସ୍ର ନକ୍ଷତ୍ରର
ଉଜ୍ଜ୍ୱଳ ଆଭାରେ
ମାଟି ଉଦ୍‌ଭାସିତ ହେଲା
କି ଦୁଃସାହସୀ ଅପରାହ୍ନ !
ଦେହର ଖୋଳପା ମୋର
ଅକାରଣେ
ଜାଳିପୋଡ଼ି ଦେଲା ।

ମୋର ଚିହ୍ନବର୍ଣ୍ଣ ନଥିଲା
ନ ଥିଲା ମୋ
ଘରଦ୍ୱାର ଖଳାବାଡ଼ି
ମୁଁ ନିଜେ ବି ନଥିଲି
କି ଏକ ଅଜଣା ପୁଲକ ନେଇ
ମୁଁ ସାରାରାତି
ଚେଇଁ ରହିଥିଲି,
ଦିନମାନ
ଖେଦି ଯାଉଥିଲେ ସ୍ୱପ୍ନ
ରାତିସାରା ମିଠା ପ୍ରତିଶ୍ରୁତି,
ମୋ ସନ୍ତାପିତ ହୃଦୟକୁ
ସଂସ୍ଥାପିତ କରିବାକୁ
ମୁଁ ଶତଚେଷ୍ଟା
କରିଚାଲୁଥିଲି ।

ସବୁକିଛି ନିରର୍ଥକ ମନେହେଲା
ମୋ ଅଳଙ୍କାର
ଆଭୂଷଣ
ଦାନ ପ୍ରତିଦାନ
ନିମିଷକେ
ମାଟିରେ ମିଶିଲା
ନା ଥିଲା ଦେହ
ନା ଥିଲା ମୋହ
ମୋ ଦେହର
ପ୍ରତିଟି ଛିଦ୍ରରେ
ଯେବେ ଥରେ ତୁମ ନାଁ
ଗୁଞ୍ଜରିଲା ହେଲା ।

## ୧୦

ତୁମେ କୁଆଡ଼େ ଚିହ୍ନିପାର
ଦୁଃଖୀର ଆତ୍ମା
ପାହାଡ଼ ପର୍ବତ
ସମ୍ରାଟଙ୍କ ପାଇଁ
ଭେଟି ଦେଉଥାଅ
ଅଜସ୍ର କରୁଣା
ପ୍ରେମ ଅନୁକମ୍ପା
ମଣିଷ କି ଈଶ୍ୱରଙ୍କ ସହ
ତୁମର ପରା ହୁଏ
ସିଧା କଥାବାର୍ତ୍ତା !

ତୁମେ କୁଆଡ଼େ
ତୁଚ୍ଛ କରିପାର
ପୁନେଇଁ ରାତିରେ
ପତ୍ନୀର ଉଆଁସୀ ଦେହ
ବାଳୁତ କୋମଳ ପୁଅ
ଗୋଟିଏ ମୁହୂର୍ତ୍ତେ
ଛାଡ଼ି ଦେଇଆସ
ଅହଂ ଓ ଆସ୍ପର୍ଦ୍ଧା
ରାଜାର ଉଆସ ।

ତୁମେ କୁଆଡ଼େ
ସମୟକୁ ପଢ଼ିପାର
ଗତିପଥ ବଦଳାଇପାର
ରାତ୍ରିର ଶୃଙ୍ଗାର ସବୁ
ଶୁଖିବା ଆଗରୁ
କାମନାର କୋଳାହଳ
ଫିଙ୍ଗି ଦେଇପାର
ନିରଞ୍ଜନା ତୀରରେ
ବଦଳୁଥାଏ ଭାଗ୍ୟ
ସୁଜାତାର କ୍ଷୀରିରେ
ଲେଖାହୁଏ
ନିର୍ବାଣର
ନୀଳାଭ ଓଁକାର ।

ମାଟିରୁ ଅଭିଶାପର
କଳସୀ କାଖେଇ
ମୁଁ ପ୍ରତୀକ୍ଷାରେ
ଜିଇଛି ଯେ ଜିଇଛି
ମୋ ରଙ୍ଗହୀନ
ଅସାର ଦେହରେ
କେତେକେତେ ଶରୀରକୁ
ଦେଇଛି ଆଶ୍ରୟ
ଦିନ ଦିନ ଲୁଚାଇଛି
ଭଲ ପାଇବାର ଭୋକ
ପାସୋରି ଦେଇଛି ନିଦ ।

ତୁମର ସେ ଭିକ୍ଷାଥାଳରେ
କୁଆଡ଼େ ସମାହିତ
ଶତ ସିଂହାସନ
ମୁଁ ନିଶ୍ଚିନ୍ତ ଏଥର
କରିବାକୁ
ମୋ ଅଲଂଘ୍ୟ ପାପର
ନିସର୍ଗ ଅର୍ପଣ।

■

## ୧୧

ରାତି ପାହିବ କି ନାହିଁ
ଜଣା ନଥାଏ
ଭୟ ଓ ଶୃଙ୍ଖଳାର ଖେଳ
ସରିବ କି ନା
ଜଣା ନଥାଏ
ତଥାପି ମୁଁ
ନିତି ନିତି
ପ୍ରତୀକ୍ଷା କରିଛି
ସକାଳ ଓ
ଜହ୍ନ ଆଲୁଅକୁ
କେତେ ଆଶା ଆକାଂକ୍ଷାର
ନୀଳ ନଈ ପାରିହେଇ
ଭସେଇ ଦେଇଛି
ଅକାଳରେ
ସ୍ମୃତି ଓ ସ୍ୱପ୍ନକୁ।

କଣ୍ଢେଇଟିଏ ହେଇ ଖେଳିଛି
ନର୍ତ୍ତକୀ ହେଇ ନାଚିଛି
ମୋ ଗଭାର ମଲ୍ଲୀକଢ଼
ଷଠୀଘର
ଏନ୍ତୁଡ଼ିଶାଳ
ସବୁ ଭୁଲିଯାଇଛି

ନାଚିଖେଳି
କ୍ଲାନ୍ତ ହେଲାପରେ
ମୋ ଏକଲାପଣ
ଏକା ଏକା
ଜାହିର କରିଛି ।

ଅଜସ୍ର ମୋହ
ଅଜସ୍ର କ୍ଲାନ୍ତି
ଅଜସ୍ର ଯେ
ମଣିଷର କ୍ଷୁଧା,
ମୁଁ ତ ସାଇତି ରଖିଛି
ମୋ ନିରୁତା ଲୁହ
ଦେବି ବୋଲି ଉପହାର
ଯେତେ ମୋର ସୁଖଦୁଃଖ
ଜୀବନଯାକର,

ମୋ ଆହତ ଅପରାହ୍ନ
ଆତଙ୍କିତ ସଞ୍ଜ ଓ ସକାଳ
ସବୁକିଛି
ସମର୍ପିତ ହେଇଯାଏ
ଯେମିତି କି ମୁଁ
କେବେ ବି ନଥିଲି
ନଥିଲା ବି ମହାକାଳ
ଜନ୍ମ ଜନ୍ମାନ୍ତର ।

## ୧୨

ପ୍ରତିଟି ସକାଳ
ମୋ ପାଇଁ ଡିଆରୁଥିଲା
ନ୍ୟାୟ ନିଶାପର
ରୁଦ୍ଧଦ୍ୱାର
କେବେ କାଠଗଡ଼ାରେ
ଠିଆ ହେଉଥିଲି ମୁଁ
ଆମ୍ରପଲ୍ଲୀ
ଆଉ କେବେ
ଉଭା ହେଉଥିଲେ
ନିଷ୍ପାପ ଈଶ୍ୱର,

ମୋର ନା ଥିଲେ
କେହି ସାକ୍ଷୀ
ନା ଥିଲା କିଛି ସାକ୍ଷ୍ୟ
କେବେ ଛଳଛଳ
ପାଣିର ତରଙ୍ଗ
କେବେ ମୃଦୁ
ମଳୟର ରଙ୍ଗ
କେବେ ଶବ୍ଦ ଯେତେ
ଶୂନ୍ୟ ଆକାଶର
ସାଙ୍ଗରେ ଜାବୁଡ଼ି ଧରି
ସାମ୍ନା କରୁଥିଲି

ମୁଁ କରିଥିବା /
ନ କରିଥିବା
ସମସ୍ତ ପାପର ।

ଧୀରେ ଧୀରେ
ସେ ପାପର
ଚିହ୍ନବର୍ଣ୍ଣ
ଅପସରିଗଲା
ମୋ ଧମନୀରେ
ଶିରା ପ୍ରଶିରାରେ
କେଉଁ ଏକ ମହାପାପୀ
ଅଙ୍ଗୁଳିମାଳାର
ପ୍ରଣବ ଓଁକାର
ନିନାଦିତ ହେଲା,

ସବୁ ଅସମ୍ଭବର
ସମ୍ଭାବିତ ଉତ୍ତରଟେ
କିଏ ସତେ ମୋ ପାଇଁ କି
ବାଛି ରଖିଥିଲା ।

ଅଗମ୍ୟ ଅରଣ୍ୟକୁ
ତୁମେ ପୁଷ୍ପମୟ କରିପାର
ଦୁର୍ଦ୍ଦାନ୍ତ ଦସ୍ୟୁ ହାତରେ
ଧରାଇ ଦେଇପାର
ମାଳା କମଣ୍ଡଳୁ
ପୂଜା ଉପାସନା ଭାଙ୍ଗି
କେବେ ଗ୍ରହଣ କର
ନାରୀ ହାତରୁ ଅନ୍ନ,

ଖାଲି ସେଇଥିପାଇଁ
ଆଶାଥିଲା
ତୁମେ ଦିନେ
ନିଶ୍ଚୟ ଆସିବ
ସେଦିନ ମୋ
ପାପସବୁ
ପାଲଟି ଯାଉଥିବ
କିମ୍ବଦନ୍ତୀ
ଆମ୍ରପଲ୍ଲୀ
ପାଲଟିଯାଉଥିବ
ନିଷ୍ପାପ ସକାଳ।

## ୧୩

ଚତୁର୍ଦ୍ଦିଗେ କୋଳାହଳ
କିଆବଣ
ପଥ କି ପ୍ରାନ୍ତର
ଆଜି ସବୁ କିଛି
ଉତ୍ସବମୁଖର
କିଏ ଜଣେ ଆସୁଛନ୍ତି
ଯିଏ ମୁହୂର୍ତ୍ତକେ
ଭୁଲିଯା'ନ୍ତି
ପ୍ରିୟା ପୁତ୍ର
ଦାସୀ ପରିବାର
ସାରା ସଂସାରଟା
ଯାହା ପାଇଁ
ନିମିଊ ଅସାର
ଯିଏ ଗୋଟେ
ମୁକୁଟ ବିହୀନ ରାଜା
ପିନ୍ଧିଥିବେ
ଗୈରିକ ବସନ
ହାତେ ଭିକ୍ଷାଥାଳ,
ଯାହା ଲଣ୍ଠିତ ମସ୍ତକ ତଳେ
ନିଉଛାଳି ହେଉଥିଲେ
ଶତ ଶତ ରାଜ ଚକ୍ରବର୍ତ୍ତୀ
ପରାକ୍ରମୀ ବୀର।

ମୁଁ ଗୋଟାପଣେ ଥରୁଥିଲି
ଆଜିଯାଏ ଭେଟୁଥିଲି
ରାଜା ମହାରାଜା
ଧନୀକ ବଣିକ
ସମ୍ଭ୍ରାନ୍ତ ପୁରୁଷ,
ଆଜିଯାଏ
ଭେଟି ଦେଉଥିଲେ
ହୀରା ମୋତି
ଦେବତା ଗନ୍ଧର୍ବ,
ଇଏ କେଉଁ ଆଗନ୍ତୁକ ?

ସଙ୍ଗେ ନାହିଁ
ଶଙ୍ଖ ବାଜା
ଥାଟ ପଟୁଆର
କାନ୍ଧେ ନାହିଁ
ରାଜପାଟ ଉତ୍ତରୀୟ
ଗଳାରେ ସୁବର୍ଣ୍ଣ ହାର ।

କିଏ ଏହି ଆଗନ୍ତୁକ ?
ଯାହା ପାଦ ପୂଜିବାକୁ
ଲୋଡୁଥାନ୍ତି
ସହସ୍ର ଈଶ୍ୱର ।

■

# ୧୪

ଯୁଦ୍ଧ ଓ ରକ୍ତର ଭୂଇଁରେ
ତୁମେ ପରା ରୋପିଥିଲ
ଅହିଂସାର ବୀଜ
ହିଂସ୍ରତାର ବିଭୀଷିକା
ଆର୍ଦ୍ର କରି
ତୁମେ ଝରାଇଥିଲ
ପ୍ରେମର ପ୍ଲାବନ
ଜୟ ପରାଜୟର
କୋଳାହଳ
ପ୍ରତିହତ କରି
ତୁମେ ଥାପନା କରୁଥିଲ
କରୁଣାର ବୋଧିଦ୍ରୁମ,
ଅବୁଝା ଦର୍ଶନ ଶାସ୍ତ୍ର
ଦୁର୍ବୋଧ୍ୟ ସେ
ଦେବଭାଷା
ବେଦ ମହାମନ୍ତ୍ର
ଅବୁଝା ସେ
ପୂଜାପାଠ ରୀତିନୀତି
ଅବୁଝା ସେ
ଦୁର୍ବାଦଳ ଅରୁଆ ଚାଉଳ।

ଉଦାସୀନ
ସଞ୍ଜ କି ସକାଳ
ବାରମ୍ବାର କୂଳଲଙ୍ଘି
ଫେରିଆସି
ସତ୍ତା ଖୋଜୁଥିଲା ।
ଆଉ କେହି
କରୁନଥିଲେ
ଆବାହନ
ଲେଖୁନଥିଲେ
ସ୍ତୋତ୍ର ମନ୍ତ୍ର,
ଅପସରି ଯାଉଥିଲା
ଯୁଦ୍ଧର ଘୋଷଣା
ବିବର୍ଣ୍ଣ ଦିଶୁଥିଲା
ବିବଦମାନ ସୀମାନ୍ତ
କାଣିଚାଏ କରୁଣାରେ
ଆଶ୍ରିତ ହେଉଥିଲେ
ହସ୍ତୀ ଓ ସୈନିକ,

କିଛି ଆଉ ଜରୁରୀ ନଥିଲା,
ଛାଇ ଆଲୁଅ ଖେଳ
ଯିବା ଆସିବା ବେଳ
ବୁଦ୍ଧଂ ଶରଣଂ ଗଚ୍ଛାମିର
ପ୍ରତିଧ୍ୱନିରେ
ଲୀନ ହେଉଥିଲା ।

ମୁନି ଋଷିମାନେ
ଆଉ ବନାଉନଥିଲେ
ପର୍ଣ୍ଣ କୁଟୀର

ରାଜା ରାଜୁଡ଼ାମାନେ
ଭୁଲି ଯାଇଥିଲେ
ଯୁଦ୍ଧ ଓ ଶିକାର
ଘୁମେଇ ପଡୁଥିବା
ସମୁଦ୍ରରେ ପୁଣି ଉଠୁଥିଲା
ଅଜସ୍ର ତରଙ୍ଗ
ଅସ୍ପଷ୍ଟ ସେ
ମନ୍ଦିର ଗାତ୍ରରେ
ସଂଘଂ ଶରଣଂ ଗଚ୍ଛାମିର ମହାମନ୍ତ୍ର ।

ଚାରିଆଡ଼େ
ଅଜବ ଶୂନ୍ୟତା
ନାରୀ ନିର୍ଯାତନା
ଅତ୍ୟାଚାର
କିମ୍ବଦନ୍ତୀର କଥା ଏଥର
ଯେତେସବୁ
ପୂଜା ଆରାଧନା
ଶୂଦ୍ର କି ଈଶ୍ୱର
ପୋଥି ପୁରାଣରେ ବନ୍ଧା
ସାଇତା ଅକ୍ଷର ।

ତୁମେ ଫେଡ଼ିଦେଲ
ତୃଷ୍ଣା ଓ କାମନା
ମଣିଷ ଭାଗ୍ୟରୁ
ବିନ୍ଦୁ ବିନ୍ଦୁ ଶ୍ରମ ଆଉ
ଦୁଃସ୍ୱପ୍ନର ରାତି
ଅଲୋଡ଼ା ଜାତିର
ଅଙ୍ଗପ୍ରତ୍ୟଙ୍ଗରୁ,

ତୁମ ଧର୍ମଂ ଶରଣଂ ଗଚ୍ଛାମିର
ମହାକୁମ୍ଭରେ
ଅଭିଷିକ୍ତ ହେବାକୁ
ଦେବତାମାନେ
ଛାଡ଼ି ଆସିଥିଲେ
ମନ୍ଦିର ବେଢ଼ାକୁ।

## ୧୫

କହିବି କହିବି ବୋଲି
ଯାହା ଆଜିଯାଏ
କହିପାରିନି
ଶବ୍ଦ ଗୋଟିଏ,
କଥା ପଦିଏ,
ସାଇତି ରଖିଛି
ଝରିପଡୁଥିବା
ଲୁହ ଟୋପାରେ
ଭଲ ପାଇବା
ଏତେ ଟିକିଏ।

କହିବି କହିବି ବୋଲି
ହୁଏତ
ଜରାଜୀର୍ଣ୍ଣ ଦିଶୁଥିବ
ମୋ ଶିରାଳ ହାତ
ବିତି ଯାଇଥିବ
କେତେ କାକର
ପଉଷ ରାତି
କେତେ କେତେ
ବର୍ଷା କି ବସନ୍ତ !

କେତେ କେତେ
ଅମାନିଆ ରାତି
ଝଡ଼ରେ ଆତୁର ମୋର
ବିଫଳ ଆୟୁଷ
କହିବି କହିବି ବୋଲି
କଥାଟିଏ,
ଚେଇଁଥିବି କେତେ ରାତି
ଦିନ ବର୍ଷ ମାସ।
ତୁମ ଅଭୟ ମୁଦ୍ରା
କରୁଣାରେ ଛଳଛଳ
ନିଷ୍ପାପ ଜୀବନ
ତୁମ କେନ୍ଦେରାର ଗୀତ
କଥା ଓ ନିର୍ବାଣ
ଉତ୍ତରରୁ ଦକ୍ଷିଣକୁ
ଦକ୍ଷିଣରୁ ପଶ୍ଚିମକୁ
ଭେଦିଯାଏ
ଗଗନ ପବନ।

ତୁମ ଆରାଧନା ଲାଗି
ମୋ ପ୍ରାର୍ଥନା ଓ
ଯନ୍ତ୍ରଣାର ସ୍ୱର
ପାଷାଣ ପିତୁଳା ସମ
ଜଡ଼ ହେଇ ପଡ଼ିରହିଥାଏ
ଉଦୁଉଦୁ ଦ୍ୱିପହର
ଗୋଧୂଳି ସକାଳ।

ଜାଣେ ଜାଣେ
ଏ ରାଇଜ
ସୀମା ପାରିହେଲେ
ଅଜଣା ବାଟୋଇଟିଏ
ନିଛାଟିଆ ରାସ୍ତାରେ ଭେଟିବି
ଜାଣେ ଜାଣେ
ପଦୁଟିଏ କଥା ମୋର
କହିବା ଆଗରୁ
ତୁମେ ସବୁ
ବୁଝିସାରିଥିବ
ମୁଁ ଓଦାମାଟି ପିଚ୍ଛିଲା ରାସ୍ତାରେ
ବରଫ ପାଲଟୁଥିବି ।

## ୧୬

ଇୟେ କେମିତିକା
ମରୀଚିକା ?
ସକାଳର ଶଙ୍ଖଧ୍ୱନି
ଶୁଭିବା ଆଗରୁ
ସଞ୍ଜ ନଇଁଆସେ
ମୋ ଅଜଣା
ଆତଙ୍କର ଲୁହସବୁ
ଛାଇ ହେଇ
ପଛରେ ଗୋଡ଼ାଏ
ମୋ ଅକୁହା କଥାର
ଶବ୍ଦ ଯେତେ
ଶୂନ୍ୟରୁ ସଞ୍ଚରୁଥାଏ
ମହାଶୂନ୍ୟ ଯାଏ ।

ଆଜିଯାଏ ତ ମୁଁ
ମରୀଚିକା ପଛରେ
ଧାଇଁଛି
ମୋ ପାଇଁ
କେହି ଆଣିଦେଇନି
କଳସୀରେ ଜଳ
ମୋ ଯିବାଆସିବା ବାଟରେ
କଦଳୀଗଛ
ଚମ୍ପାମଲ୍ଲୀ କଢ଼ ।

ଆଜିଯାଏ ତ ମୁଁ
ଅନ୍ଧାରିଆ
ରାତି ଉହାଡ଼ରେ
କାଣିଚାଏ ଜହ୍ନର
ଜୋଛନା ଲାଗି
ସାରା ରାତି
ପ୍ରତୀକ୍ଷା କରିଛି
କଳ କଳ ରାତିର
ଆୟୁଷ ଚିରି
ମୋ ଦେହରୁ
ପ୍ରାଣକୁ ଖୋଜିଛି,
ଏମିତି ଜଳି ଜଳି
ଜିଇଯିବା ଲାଗି
ମୁଁ ତ ପ୍ରସ୍ତୁତ ଥିଲି
ଜନ୍ମ ପରେ ଜନ୍ମ
ଶୂନ୍ୟତାର ବୋଝ
ବୋହିବାକୁ
ପ୍ରତିଶ୍ରୁତି ଦେଇଥିଲି,

ଯେଣୁ ଜଣାଥିଲା
ତୁମେ ଦିନେ ଆସିବ
ସବୁ ଦେହ ମୋହ
ମିଥ୍ୟା ପ୍ରମାଣିତ କରି
ମୋ ଆତ୍ମାର
ପ୍ରତିଟି ଅଣୁକୁ
ଝଲସାଇ ଦେବ

ସେଦିନ ମୋ ପ୍ରସ୍ତୁତି
ପ୍ରତିଶ୍ରୁତି
ମୋ ଅତୀତ
ଅସହାୟପଣ,
ନିସର୍ତ୍ତରେ
ନିସଂକୋଚେ
କରିଦେବି ତୁମକୁ ଅର୍ପଣ।

■

# ୧୭

ଅସଂଖ୍ୟ ପ୍ରଶ୍ନ ଓ
ଦ୍ୱନ୍ଦ୍ୱରେ ଗଢ଼ା
ମୋ ଜୀବନ ଉପବନ
ଉତ୍ତର ଖୋଜୁଖୋଜୁ
କେବେ କେବେ ପ୍ରଶ୍ନସବୁ
ନିରୁଦ୍ଦିଷ୍ଟ ହୋଇଯାଏ
ମୁଁ ଖୋଜିପାରେନି
ମୋ ପ୍ରଶ୍ନର ଉତ୍ତର
ଦେଖିପାରେନି
ମୋ ଅତୀତ କି
ଆଗତକାଳ ।

ମୋତେ
ଜଣାନଥିଲା
କିଛି ବାଟଘାଟ
ଜଣାନଥିଲା
କିଛି ବେଳ ଅବେଳ
ତଥାପି ମୁଁ ଏତେବାଟ
କେମିତି ଆସିଲି ?
ମୋ ଦୁଃଖ କି ଯନ୍ତ୍ରଣା
ଆଜି ଯାହା କିଛି ମୋର
ସେସବୁ କ'ଣ ମୁଁ
କେବେ ମାଗିଥିଲି ?

ମୁଁ ତଥାପି
ଏମିତି ଯେ
ବଂଚିଥାଏ
ବିନା ପ୍ରେମ
ବିନା ଆକାଂକ୍ଷାରେ
କାଳେ କେବେ
ତାରାସବୁ ହଟିଯାଇ
ଅନ୍ଧାର ଘୋଟିଲା ପରେ
କଢ଼ ସବୁ
ଝଡ଼ିଗଲା ପରେ
ବାଆ ବତାସରେ
କେବେ କାଳେ
ମୋ ଜିଇବା
ଆଣିଦେବ ସବୁଜିମା
ପର୍ବତ ଆକାଶ
ଅବା ଘାସ ପତରରେ

କେବେ କାଳେ
ମୋ ଘୁମନ୍ତ କଲିଜା
ଶିହରି ଉଠିବ
ତୁମ କରୁଣାର
ସ୍ପର୍ଶ ବାଜି
ମୋ କପାଳ
ଚୂର୍ଣ୍ଣ କୁନ୍ତଳରେ
ସେଦିନ ଯେତେ ଯେତେ
ରାଜା କି ବଣିକ
ବିଭବ ଐଶ୍ବର୍ଯ୍ୟ

ସମସ୍ତଙ୍କୁ ପଛରେ ପକାଇ
କେଉଁ ଏକ
ନାମହୀନ
ଆମ୍ରପଲ୍ଲୀ
ମଥା ଟେକି ଚାଲୁଥିବ
ସବୁଠୁ ଆଗରେ ।

## ୧୮

ଅପୂର୍ଣ୍ଣ ଏକ କାହାଣୀର
ମୁଁ ପ୍ରଥମ ଅକ୍ଷର
ଜଣାନାହିଁ ଏ କାହାଣୀ
ସମ୍ପୂର୍ଣ୍ଣ କୋଉଠି,
ବାଟେଘାଟେ
ମୁଁ ନିଃସ୍ୱ ଭିକାରୁଣୀ
ମୋର ଏ ଜନମ ମାଟିର ?
ନା ରାଜରାଣୀ
ବୈଶାଳୀ କି ମଗଧ ରାଜ୍ୟର ?

କହିଦିଅ -
ଏ ଜନ୍ମରେ ନୁହେଁ
ଆର ଜନ୍ମେ ଦେଖାହେଲେ ହେବ
ହେ ମୋର ପ୍ରିୟତମ
ରାଜା ବିମ୍ବିସାର !
ଯେତେବେଳେ ନଥିବ
ତୁମର ଏ ରାଜ ସଂହାସନ
ଚନ୍ଦ୍ରାତପ
ପାଟପଟୁଆର ଛାଡ଼ି
ତୁମେ ଯେବେ ବଞ୍ଚୁଥିବ
ବୈରାଗୀ ଜୀବନ।

ଆହୁରି ନଥିବା ଜମା
ଥାଟ ପଟୁଆର
ଆମ ପାଇଁ ମେଲାଥିବ
ସଂଘର ଦୁଆର।

ଏଥର ଆଉ ଭୟନାହିଁ
ପ୍ରିୟତମ,
ଯେଣୁ ଏ କାହାଣୀ କିଛିନୁହଁ
ଖାଲି ଯାହା ଜନ୍ମମୃତ୍ୟୁ ଖେଳ।

## ୧୯

କେତେଥର
ମତେ ଡାକିଛ
ତୁମ ଅଦୃଶ୍ୟ ହାତରେ
ପରସ୍ତ ପରସ୍ତ
ଧୂଳି ଝାଡ଼ି
ମୋ ଚଲାପଥ
ପଦ୍ମ ପାଖୁଡ଼ାରେ
ସଜେଇ ଦେଇଛ,
ଅଗନାଅଗନି
ବନସ୍ତ ଭିତରେ
ତିଆରିଛ ଚନ୍ଦନ ବଗିଚା,
କେବେ ତୁମେ
ଧୂପ କି ନୈବେଦ୍ୟ
ଆଉ କେବେ
ଆଲୋକ ପ୍ରଦୀପ
କେବେ ପୁଣି
ଘିଅ କି ସଳିତା,

ମୋ ଜିଇବାର
କ୍ଷଣ ଅନୁକ୍ଷଣ
ନିଧାର୍ଯ୍ୟ ବେଳାରେ
ଘଟି ଯାଉଥିଲା

ମୁଁ ଅଖୋଜା
ଅଲୋଡ଼ା ହେଇ
ମାଟି ସାଉଁଟିବା
ମୋ ଅଜଣା
ପିତାମାତା
ମୋତେ ସେଠୁ
ସାଉଁଟି ଆଣିବା
ସବୁକିଛି ଯେମିତି କି
କାହା ଇଙ୍ଗିତରେ
ସଂରଚିତ ହେଉଥିଲା ।

ନହେଲେ,
ମୁଁ ବା କେମିତି
ଏଡ଼ାଇ ଯାଇଥାନ୍ତି
ମହାରାଣୀ ହେବାପାଇଁ
ସବୁ ଆମନ୍ତ୍ରଣ
ସବୁ ଆଗ୍ରହର
କେବେ ବିମ୍ବିସାର
ଆଉ କେବେ
ଅଜାତଶତ୍ରୁର !

ତୁମେ କଣ ମୋର
ଇହ ପରକାଳର ବନ୍ଧୁ,
ମୋ ଜନ୍ମ ଜନ୍ମାନ୍ତର
ମୁକ୍ତିଦାତା
ପରିତ୍ରାଣ କର୍ତ୍ତା

ମୋ ଜିଇବାର
ସକଳ ଉଚ୍ଛ୍ୱାସ
ମୋ ଭାଗ୍ୟ ବିଧାତା !

କେବେ ଦିନେ ପାରିହେଇ
ଗ୍ରହ ଗ୍ରହାନ୍ତର
ପାରିହେଇ ଘୋର ବନ
ପର୍ବତ ସାଗର
କିଏ ଜଣେ
ମୋ ସିକ୍ତ ପଣତତଳେ
ଲେଖୁଥିବ ଅହିଂସାର ବୀଜମନ୍ତ୍ର
ସତ୍ୟର ସଂହିତା
ମୋ ପାଦଚଲା
କଣ୍ଟକିତ ଝାଡ଼ବଣ
ମୋତେ ହାତଠାରି ଡାକୁଥିବା
ଶେଷ ଆମନ୍ତ୍ରଣ
ସବୁକିଛି ପାରିହେଇ
ମୁଁ ପାଲଟି ଯାଉଥିବି
ଗୋଧୂଳି କବିତା ।

## ୨୦

କ୍ରମଶଃ ବଦଳିଯାଏ
ସୁଖର ଠିକଣା
ବଦଳିଯାଏ
ଗହଗହ ଅନ୍ଧାର ରାତିରେ
ମହମହ ସ୍ୱପ୍ନ ଖୋଜିବାର
ଗହନ କାମନା ।

ନୀଡ଼ଟିଏ ରଚିବାକୁ
ଚନ୍ଦ୍ରାଲୋକ ତଳେ
ପକ୍ଷୀଟିଏ ଉଡ଼ିଯାଏ
ମୋ ଓଠରୁ ଝରିଥିବା
ଯେତେ ପ୍ରେମ
ବିରହ ସଙ୍ଗୀତ
ଧୀରେ ଧୀରେ
ନିରର୍ଥକ ମନେହୁଏ
ଉତ୍ତଳା ଏ ଦେହ ମୋର
ଉଚ୍ଛୁଳା ଯୌବନ
ଧୀରେ ଧୀରେ
ପ୍ରାର୍ଥନା ପାଲଟିଯାଏ ।

ଧୀରେ ଧୀରେ
ମୋ ଭିତରେ

ହଳଦିଆ ଘାସ ଫୁଲଟିଏ
ସହସ୍ର ପାଖୁଡ଼ା ମେଲି
ଦିଗନ୍ତ ଆବୋରିନିଏ
ମୋ ବେଦନାର୍ଦ୍ଦ
ଜୀବନ ପ୍ରଦୀପ
ନିର୍ବାଣର ନୀଳାଭ ଶିଖାରେ
ଅହରହ ଦୀପ୍ତ ହେଉଥାଏ ।

ମୋ ଆୟୁଷ ଉଚ୍ଛ୍ୱାସ ଅବା
ବିବର୍ଣ୍ଣ ସକାଳ
କେବେ ଭୟରେ ଆତୁର
କେବେ ସ୍ୱପ୍ନରେ ବିଭୋର,
ମୁଁ ବାରମ୍ବାର ଫେରୁଥାଏ
ମୋ ମୋହାବିଷ୍ଟ
ଉଜୁଡ଼ା ସଂସାର
ଯେଣୁ ଏଥର
ପ୍ରତିଟି ମୁହୂର୍ତ୍ତ
ମୋ ପାଇଁକି
ମୋକ୍ଷ ସର୍ଜନାର ।

କ୍ରମଶଃ ମୁଁ
ଅତିକ୍ରମି ଯାଏ
ମୋତେ ଭଲ ପାଉଥିବା
ଲୋକଙ୍କର
ମୋହାଚ୍ଛନ୍ନ ଅଲଂଘ୍ୟ ପ୍ରାଚୀର
ମାଟିର ସୁଗନ୍ଧ ଆଉ
ଆକାଶର ରଙ୍ଗ ନେଇ

ମୁଁ କ୍ରମଶଃ
ରଚୁଥାଏ ମୋ ଭାଗ୍ୟର
ଶ୍ୱେତ ଇସ୍ତାହାର,

କାଲେ କେବେ
ମୋ ଭାଗ୍ୟର ବିନ୍ଦୁଟିଏ
କେଉଁ ମୂଢ଼ ପତିତା ଭାଗ୍ୟରେ
ଦେଉଥିବ ଝରଝର
ସୁଖର ସନ୍ଧାନ
କାଲେ କେବେ
ମୋ ଅବୁଝା
ଲୁହ କି ସଙ୍ଗୀତ
କାହା ପାଇଁ ପାଲଟିବ
ଦେବତାର ମନ୍ତ୍ର ଉଚ୍ଚାରଣ।

## ୨୧

କାହାପାଇଁ ପ୍ରତୀକ୍ଷିତ
ମୁହୂର୍ତ୍ତଟେ ଜିଇଯିବା
କ'ଣ ସହଜ କଥା !
ଏମିତି କେତେ ପ୍ରତୀକ୍ଷାର ରାତି
ମୁଁ ଜିଇଥିବି
ଦେହକୁ ବିଭକ୍ତ କରି
ପଲପଲ ମାଂସ ମୋର
ଶେଯରେ ଲୋଟାଇଥିବି ।

କେତେଥର
ମଲାପରେ ମୁଁ ପୁଣି
ଜନ୍ମ ନେଇଥିବି
ମଶାଣିରେ ଘାସଫୁଲ
ଅବା ଶୀତରେ କାକର
ହେଇ ଝରିପଡ଼ିଥିବି
କବିତାର ଶେଷଧାଡ଼ି
ସରିଗଲା ପରେ
ମୁଁ କେବେ
ପ୍ରେମର ଫଲ୍‌ଗୁ ହେଇ
ବହିଯାଇଥିବି,
କେବେ ଆମ୍ର ମୁକୁଳରେ
କେବେ ପାହାନ୍ତି ପହରେ
ମୋ ଛବିକୁ ଦେଖି
ମୁଁ ଚମକୁଥିବି,

ତୁମର ସେ
ଯୋଗୀ ବେଶ ଦେଖି
ମୋ ସର୍ବାଙ୍ଗ
ସ୍ଥିର ହେଲା ପରେ
ମୁକ୍ତ ବିହଙ୍ଗଟେ ହେଇ
ନୀଳ ଆକାଶରେ
ଡେଣା ମେଲି
ଉଡ଼ିବୁଲୁଥିବି ।

ମନେ ନାହିଁ
ମୋର କେବେ
ଘାସ ଫୁଲ ହେବା
ଅବା ଆକାଶେ ଉଡ଼ିବା
ପ୍ରେମିକାର କାବ୍ୟ ହେଇ
ନଦୀ ପହଁରିବା
ପାହାନ୍ତିଆ ଆକାଶରେ
ତରାଟିଏ ହେଇ
ମାଟିରେ ଖସିବା
ମୋର ମନେ ନାହିଁ ।
କିନ୍ତୁ,
ତୁମର ତ ମନେଥିବ
ମୁଁ କେବେ ଯଦି
ହେଇଥିବି ଭିକାରୁଣୀ
ରାଜରାଣୀ
ପିନ୍ଧିଥିବି ପାଟପିତାମ୍ବରୀ
ସାଜିଥିବା ଦୋଚାରୁଣୀ
ନହେଲେ ପାଲଟିଥିବି
ନାରୀରୁ ଈଶ୍ୱରୀ ।

ତୁମର ତ ମନେଥିବ
ପାଷାଣ ପ୍ରତିମା ହେଇ
ମୁଁ କାଳେ ପଡ଼ିଥିବି
ବର୍ଷ ପରେ ବର୍ଷ
ଶବରୀର ରୂପ ନେଇ
ତୁମ ପାଇଁ
କାଢ଼ି ରଖିଥିବି
ବରକୋଳି
ଫୁଲର ସୁବାସ
ପୂତନା ରାକ୍ଷସୀ ହେଇ
ବୋଳି ହେଇଥିବି
ମୋ ସ୍ତନରେ ବିଷ।

ଯେଣୁ ତୁମେ ରାମ
ତୁମେ କୃଷ୍ଣ
ତୁମେ ଗୋଟେ ମୁକୁଟବିହୀନ
ପ୍ରଚ୍ଛନ୍ନ ଈଶ୍ୱର
ତୁମେ ଯୀଶୁ,
ତୁମେ ପରା ବିଷ୍ଣୁଙ୍କର
ବୁଦ୍ଧ ଅବତାର
ମୁଁ ଛାର ବାରନାରୀ
କାହୁଁ ବା ଜାଣିବି
କେତେ ଭାଗ ପାପପୁଣ୍ୟ
କେତେ କାଳ ମୋର
ସ୍ୱର୍ଗ କି ନର୍କର।

## ୨୨

ସମସ୍ତେ
ଖୋଜନ୍ତି ଗୋଟେ
ରାଜ ନର୍ତ୍ତକୀକୁ
ରାଜ ଉଆସରେ
କେହି କିନ୍ତୁ
ଜାଣନ୍ତିନି
ଆମ୍ରପଲ୍ଲୀ
ଥାଏ ବୋଲି
କୁନି କୁନି
ଆମ୍ବ ବଉଳରେ
କେବେ ଝରା ଶେଫାଳିରେ
ଆଉ କେବେ
କିଆ ବଣ
କେତକୀ ଡାଳରେ,

କେହି କେବେ
ବୁଝନ୍ତିନି
କୁଳୁକୁଳୁ ତଟିନୀଟି
କେମିତିକା ସ୍ଥାଣୁ ହୋଇ
ଛିଡ଼ା ହୁଏ
ମଶାଣି ଦାଢ଼ରେ

ମୋତିହାର ଗଳାରୁ ଉତାରି
ଶୁଭ୍ର ବସ୍ତ୍ର ପିନ୍ଧୁଥାଏ
ଗାଢ଼ ଅନ୍ଧାରରେ
କେମିତିକା
ଶ୍ୟାମଳ ପୃଥିବୀ
ରଜସ୍ୱାଳା ହେଉଥାଏ
ପ୍ରତି ସକାଳରେ ।

■

## ୨୩

କେତେଥର
ତୁମେ ଡାକିଛ
ମୁଁ ଆସିନି
ଆସିବାର
ପ୍ରତିଶ୍ରୁତି ଦେଇନି
ସୁନା ପଞ୍ଜୁରୀରେ ବନ୍ଧା
ପକ୍ଷୀଟିଏ ମୁଁ
ନୀଳ ଆକାଶରେ
ଉଡ଼ିବା ଜାଣିନି,
ଝରାପତ୍ରଟିଏ ହେଇ
ଉଡ଼ିଯାଇଛି
ପବନ ଡାକରେ
ଫୁଲଟିଏ ହେଇ
ଫୁଟିବା ଶିଖିନି।

କେତେଥର
ଛାୟାପଥ ହୋଇ
ମୋ ରାସ୍ତାକୁ ରୋକିଛ
ନକ୍ଷତ୍ରମାଳଟେ ହୋଇ
ବାଟ ଦେଖାଇଛ
ମୋ ପୂତିଗନ୍ଧ ଶରୀରକୁ
ଭେଟି ଦେବା ଲାଗି
ଥରଥର ମାଗୁଣି କରିଛ।

ମୋର କିନ୍ତୁ
ଏତେ ଭାଗ୍ୟ କାହିଁ ଯେ
ମୁଁ ବୁଝିଥାନ୍ତି
ତୁମର ଇସାରା
ସମୟ ଆଗରୁ !
ଅର୍ଥହୀନ କୋଳାହଳ
ଭୁଲିଯାଇ
ସାଉଁଟି ଥାଆନ୍ତି
କୋମଳ ପରଶ ଟିକେ
ତୁମ କରୁଣାରୁ !

■

## ୨୪

କାହିଁକି ଏମିତି ହୁଏ
ମୁଁ ଏଣିକି
ରାତିକୁ ସମର୍ପି ଦେଇ
ସମୟ ହାତରେ
ପରିତ୍ରାଣ ଚାହେଁ,
ମୋ ଗଭାରୁ
ମଲ୍ଲୀର ଗଜରା କାଢ଼ି
ପଳାଶ ଫୁଲର
ସୁଗନ୍ଧ ହେବାକୁ ଚାହେଁ,

ମୁଁ ଚାହେଁ
କୁଳୁକୁଳୁ ଝରଣାଟେ ହେଇ
ଝରାଇ ଦିଅନ୍ତି
ଅସରନ୍ତି ପ୍ରେମର ନିର୍ଝର
ସାରୁ ପତରରେ
ଢଳଢ଼ଳ କପାଳ ଲିଖନ
ମୁଁ ଚାହେଁ
ଚନ୍ଦନ ତୁଳସୀ ଦେଇ
ଆଉ ଥରେ ଲେଖୁଥାନ୍ତି
ଚୂନା ଚୂନା
ଉଜୁଡ଼ା
ଭାଗ୍ୟକୁ ମୋର।

ହତାଶ ବତାସ
ଏ ସଞ୍ଜବେଳ
ଉଦାସିଆ ଦିନ,
ମୁଁ ଚାହେଁ
ଫୁଲ ହୋଇ ଫୁଟିବାକୁ
ମୋ ଆୟୁଷର
ଅବଶିଷ୍ଟ ଦିନ।

## ୨୫

କିଏ ପ୍ରାର୍ଥନା
କିଏ ଈଶ୍ୱର ?
କେଉଁଠି ବନ୍ଧନ
କାହାପାଇଁ ମୁକ୍ତିର ଦ୍ୱାର ?

ଆଜି ବୈଶାଳୀର
ଆମ୍ର ଉଦ୍ୟାନରେ
ରାଜନର୍ତ୍ତକୀଟେ
ପ୍ରାଣତ୍ୟାଗ କଲା,
ହଠାତ୍ ଅର୍ଦ୍ଧେକ ପୁରୁଷ
ନପୁଂସକ ହେଇଗଲେ
କାରଣ ବିନା ସମ୍ଭୋଗରେ
ଜିଇବା ସେମାନଙ୍କୁ
ଜଣା ନ ଥିଲା ।

ହଠାତ୍ ମଗଧର ସୈନ୍ୟମାନେ
ନିର୍ବଳ ପାଲଟିଗଲେ
ଅନ୍ତିମ ପ୍ରୟାସ ସତ୍ତ୍ୱେ
ଯୁଦ୍ଧ କରିବାର କିଛି ଆଉ
କାରଣ ନଥିଲା ।

ରାଜାମାନେ
ଏଉଠୁ ସେଉଠୁ
ଶାନ୍ତିର ପୁରସ୍କାରମାନ
ସାଉଁଟିବାରେ ଲାଗିଲେ
ଶାଳବଣର ଛାତିରେ
କପୋତୀର ଲହୁ ଓ ଲୁହରେ
ସେମାନେ ତ୍ୟାଗ ଓ ଶାନ୍ତିର
ବାର୍ତ୍ତା ଲେଖିଲେ ।

ସତେକି ଆକାଶର
କଅଁଳ ଛାତିରେ
ସତର୍କ ହେଇଗଲା ଜହ୍ନ
ନବବଧୂର ପାଉଁଜିରୁ
ଛିଡ଼ିପଡ଼ିଲା ଘୁଙ୍ଗୁର
ଥୋକାଏ କହିଲେ -
ଆମ୍ରପଲ୍ଲୀ ବାରନାରୀ
ତୁମେ ତାକୁ
ପାଟଲୁଗା ଦିଅ କି
ଗେରୁଆ ବସନ
ସେ ବାଈଗୀତ ଗାଉ କି
ତା' ଦେହରେ ବହିଯାଉ
ବୁଦ୍ଧଂ ଶରଣଂ ଗଚ୍ଛାମିର
ପବିତ୍ର ପ୍ଲାବନ
ତା ହସିବା କାନ୍ଦିବା
ଆମରି ଇଚ୍ଛାରେ

ସେ ରହିଥିଲା
ରହିଥିବ
ବାରନାରୀ
ଭୂତ ଭବିଷ୍ୟରେ ।

ମୋ ଚତୁର୍ଦ୍ଦିଗେ
ଅସଂଖ୍ୟ କୋଲାହଳ
ସମସ୍ତଙ୍କ ଆତ୍ମା ଓ
ହୃଦୟ ଭେଦି
ଗାଢ଼ତର ହେଉଥିଲା
ବହଳ ଅନ୍ଧାର,
ସତେକି ଅନ୍ଧାରକୁ
ସଯତ୍ନେ ସାଉଁଟିନେଇ
ଆଲୋକର
କ୍ଷୀଣ ରେଖାଟିଏ
ନୀରବରେ ଭେଦୁଥିଲା
ବୈଶାଳୀ, ମଗଧ
ଧୀରେ ଧୀରେ
ଭାରତ ଭୂଖଣ୍ଡ
ସର୍ବଶେଷେ
ଏ ବିଶ୍ୱ ବ୍ରହ୍ମାଣ୍ଡ
ମୋ ଆମ୍ର ଉଦ୍ୟାନର
ତାଳପତ୍ର ଛୁଇଁ ।

## ୨୬

ସବୁ ସମ୍ପର୍କର
କିଛି ସଂଜ୍ଞା ନଥାଏ
ଏଇ ଯେମିତି
ତୁମ ଆଉ ମୋ ଭିତରେ
ଖାଲି ଶୂନ୍ୟତା ହିଁ
ଯୋଜନ ଯୋଜନ ବ୍ୟାପି
ଲମ୍ବି ଯାଇଥାଏ ।
ଯେମିତି ତୁମ ଆଗମନରେ
ସବୁକିଛି ବଦଳିଗଲା
କକ୍ଷଚ୍ୟୁତ ତାରାଟିଏ
ବସୁଧାକୁ ଛୁଇଁବା ଆଗରୁ
ଚତୁର୍ଦ୍ଦିଗ ଉଦ୍‌ଭାସିତ ହେଲା
ଟୋପା ଟୋପା ଲୁହର ସକାଳ
ଶାମୁକାର ପେଟ ଚିରି
ମୋତି ପାଲଟିଲା ।

କିଏ ଜାଣିଥିଲା
ସବୁକିଛି ଏମିତି ବଦଳିଯିବ !
ସଶାଗରା ମାଟି ଓ ଆକାଶ
ଥାଳରେ ସାଇତି ଦେଇ
ତୁଚ୍ଛ ଯୋଗୀଟିଏ
ରାଜୁତି କରିବ !

କିଏ ଜାଣିଥିଲା
ଯୁଦ୍ଧ ଆଉ ହିଂସାରେ କାତର
ବିଷର୍ଣ୍ଣ ପୃଥିବୀ
ଅମୃତର ଆଶ୍ଳେଷରେ
ତୀର୍ଥ ପାଲଟିବ,
କାମନାରେ ଉବୁଟୁବୁ
ପରମ ପାତକୀଟିଏ
କୋମଳ କରୁଣା ହୋଇ
ମହୀରେ ଲୋଟିବ!!

■

## ୨୭

ସମସ୍ତେ କହିଲେ
ମୋତେ ଏଥର
ପଛକୁ ଅନାଇବା ମନା
କିନ୍ତୁ କିଏ କେବେ ପଚାରିଛି
ମୋ ଅଳତାମଖା ପାଦରେ
ଧୂସର ଧୂଳିରେ ଚାଲିବାର
ତାକତ୍ ଅଛି କି ନାହିଁ,
ସିନ୍ଦୂରା ଫାଟିବା ଆଗରୁ
ରାତିର ନିଦରେ
କୃଷ୍ଣଚୂଡ଼ାର ସ୍ୱପ୍ନ
ଅଛି କି ନାହିଁ।

କେତେ ଲୁହ ଟୋପା ମୋର
ବୁନ୍ଦା ବୁନ୍ଦା କାକର ପାଲଟେ
ନୀଡ଼ମୁହାଁ ପକ୍ଷୀଙ୍କର
ମୁଁ କେମିତି
କାକଳି ସାଉଁଟେ
କିଏ କେବେ ଦେଖିଛି
ନିଆଁର ଆୟୁଷ ପରି
ମୁଁ କେବେ ତିଆରି କରେ
ଧୂଆଁର କୁଣ୍ଡଳୀ
କେବେ ନିଜ
ଅଭ୍ୟନ୍ତରେ ଲୋଟେ।

ନିତି ଜଳି ଜଳି ଜିଇବା
ପଡ଼ିଯାଏ ଅଭ୍ୟାସରେ
ଅଳସ ପାଦରେ
ପାଉଁଜି ପିନ୍ଧି
ପଦ୍ମ ଫୁଟାଇବା
ପଡ଼ିଯାଏ ଅଭ୍ୟାସରେ
ଅସରନ୍ତି କୋହ ଜାକି
ଲୁହ ନଇ ପାରିହେବା
ପଡ଼ିଯାଏ ଅଭ୍ୟାସରେ,
କେହି କେବେ ଖୋଜିଛି କି
ମୋ ଲୁହ ସବୁ
ମୋତି ହୋଇ
ଶାମୁକା ଗର୍ଭରେ
ପଡ଼ିଛି କି
ନଈପଠା
ସାଗରବେଳାରେ ?
କିଏ ସେ ଶୁଣିଛି ମୋର
ଶୂନ୍ୟ ହାହାକାର
ମୋ ପକ୍ଷାଘାତ ପାଦଟିରେ
ଘୁଙ୍ଗୁର ବାନ୍ଧିବା ବେଳେ ?

ସେମାନେ କହିଲେ
ମୁଁ କୁଆଡ଼େ ରାଜାଙ୍କର
ବିଶେଷ ନର୍ତ୍ତକୀ,
ମୋ ପାଇଁକି କେବେ
ସଂଯମର ନଈବନ୍ଧ ଭାଙ୍ଗେ
କେବେ କାମନା ଜୁଆର ଉଠେ

କେବେ ଯୁଦ୍ଧ ପ୍ରାଙ୍ଗଣରେ
ରକ୍ତର ସଳିତା ଜଳେ,
ସେ ଯୁଦ୍ଧର ଉହାଡ଼ରେ
କେହି କେବେ ଦେଖିଛି କି
ଶାନ୍ତିର କପୋତୀଟିଏ
କେମିତିକା ନୀରବେ
ବାହୁନି ମରେ ?

■

## ୨୮

ନିର୍ବାଣ କଣ ?
ତୁମେ ଖୋଜିଛ
ଯୁଗ ପରେ ଯୁଗ
ଜନ୍ମ ପରେ ନେଇଛ
ପୁନର୍ଜନ୍ମ
କେବେ ଭୁଜଙ୍ଗ ତ
କେବେ ବିହଙ୍ଗ
କେବେ ନର ତ
କେବେ ବାନର
ଭିନ୍ନ ରୂପରେ
ଭିନ୍ନ ଆଳରେ
ହେ ସିଦ୍ଧାର୍ଥ !
ତୁମେ ଖୋଜିଛ ନିର୍ବାଣ
ସଂସାର ବନ୍ଧନରୁ
ଲୁହରୁ, ଶୋକରୁ
ମୁକ୍ତି ଖୋଜି ଖୋଜି
ତୁମେ ପାଲଟିଛ
ବୁଦ୍ଧ ବୋଧିସତ୍ତ୍ୱ ।

ନିର୍ବାଣ କଣ ?
ନୈରାଶର ଅନ୍ଧାର ଭିତରେ
ଉଜ୍ଜ୍ୱଳ ନକ୍ଷତ୍ର ?

ଦୂର ନୈପଥ୍ୟରୁ
ଭାସି ଆସୁଥିବା
ମନ୍ତ୍ରପାଠ
ମୃଦୁ କୋଳାହଳ ?
ନା' ମୋ ଜନ୍ମରୁ
ମୃତ୍ୟୁ ଯାଏ
ଆଲୋକିତ କରୁଥିବା
ଛାୟାପଥ
ଅଦୃଶ୍ୟ ଈଶ୍ୱର ?

କିଏ ଏଇ ବୁଦ୍ଧ ?
ଅଯୋନି ସମ୍ଭୁତ
କାହା ପିତା
କାହା ପତି
ଶାକ୍ୟ ରାଜପୁତ୍ର ?
ଯିଏ ମୁହୂର୍ତ୍ତକେ
ଛାଡ଼ିଦିଏ ରାଜ ସିଂହାସନ
ବିନା ଦ୍ୱିଧା
ବିନା ସଂକୋଚରେ
ଅଥଚ,
ଅଭିଷିକ୍ତ ହେଉଥାଏ
କୋଟି ହୃଦ ସିଂହାସନେ
ବିନା ମୁକୁଟରେ !

ମୁଁ ତାଙ୍କୁ
କେମିତି ଭେଟିବି ?

ହୀରା ମୋତି ମଣ୍ଡିହେଇ
ବାଟ ଆଗୁଳିବି
ନା' ଭିକ୍ଷୁଣୀ ବେଶରେ
ତାଙ୍କୁ ସ୍ୱାଗତ କରିବି ?
କେମିତିକା କରୁଥିବେ
ନିରାଜନା ଯଶୋଧାରା
ମୁଁ କାହୁଁ ଜାଣିବି ?
ମୁହୂର୍ତ୍ତକେ ମିଛ ବୋଲି
କହିଦେବି ଯେତେ ମୋର
ରୂପର ପ୍ଳାବନ,
ନିମିଷକେ
ଭିକ୍ଷାଥାଳ ଧରି
ନିର୍ବାଣର ମାଗୁଣି କରିବି ?

ମୁଁ ଆମ୍ରପଲ୍ଲୀ
ଯେତିକି ମୋ ଜୀବନ
ସେତେ ପ୍ରଶ୍ନ
ଯେତେ ପ୍ରଶ୍ନ
ସେତେ ବୁଦ୍ଧ
ସେତିକି ନିର୍ବାଣ ।

■

## ୨୯

ଏଇ ମାଟିରେ
ଅନେକ ଉଲଗ୍ନ ରାତି
ବିତାଇଲା ପରେ
ମୁଁ ତାରାଧଡ଼ି
ଶାଢ଼ୀ ପିନ୍ଧି
ପାଦଦିଏ
ମୋ ମହାଯାତ୍ରାରେ ।

ସ୍ୱର୍ଗର ରକ୍ଷକମାନେ
ମୋ ପାଇଁ ମନ୍ଦିରର ଦ୍ୱାର
ରୁଦ୍ଧ କରି ସାରିଥିଲେ
ମୋ ପାପରେ
ଅତିଷ୍ଠ ହୋଇ
ଧର୍ମାତ୍ମାମାନେ ମୋ'ଠୁ
ନିରାପଦ ଦୂରତାରେ
ଘର କରିଥିଲେ,
ପଲ୍ଲବିତ ରାତିର ଅନ୍ଧାରେ
ମୋ ଭାଗ୍ୟ ଅହରହ
ବନ୍ଧା ପଡୁଥିଲା ।

ତା'ବୋଲି କଣ
ମୁଁ ସେ ପ୍ରାଚୀର
ଭାଙ୍ଗିବାର ପ୍ରୟାସ କରିନି ?

କେବେ କଣ ଖୋଜିନି
ଗର୍ଭଗୃହରେ ଦିଅଁ ?
କେବେ କଣ ମୋତେ
ପାଗଳ କରିନି
ଆକାଶର ଆହ୍ଲାଦ /
କାଶତଣ୍ଡୀର ଗୀତ /
ଘାସର ଓଠରେ
କାକର ହେଇ
ଝରି ଯାଉଥିବା ଲୁହ
ମନ ସିନ୍ଦୁକରେ
ପ୍ରତିଧ୍ୱନି ତୋଳୁଥିବା
ସ୍ୱପ୍ନର ବିଳାସ ?
ତା' କ'ଣ କେବେ ସମ୍ଭବ,
ସିଦ୍ଧାର୍ଥ ?

ସ୍ୱପ୍ନର ସୌନ୍ଦର୍ଯ୍ୟ ବିନା
ରାତି ପାହିଯିବା
କୁନି କୁନି ତାରାଫୁଲ ସଙ୍ଗେ
ସୁଖ ନ ବାଂଟିବା
କ'ଣ ସମ୍ଭବ ?

ହେ ଗୌତମ !
ଅଜସ୍ର ଯନ୍ତ୍ରଣାର ଲୁହକୁ
ଅଣଦେଖା କରି
ତୁମେ ରାତାରାତି
ଗୃହତ୍ୟାଗୀ ହେଲ,

ତା' ବୋଲି କଣ
ତୁମ ସାଧନା ପଥରେ
କେବେ ଧସେଇ ପଶିନି
ଗୋରା ଗୋରା ଗୋପାର
ଗହମ ଦେହ
ତୁମ ନିର୍ବାଣର
ଶୋଭାଯାତ୍ରା ବେଳେ
କେବେ ହେଲେ ଆଘାତ ଦେଇନି
ସଂସାରର
କାମନା ବାସନା
ପୁତ୍ରମୋହ
ମା' ଛାତିର କୋହ ?

ହେ ତଥାଗତ !
ନଈରୁ ଅଲଗା କରି
ନୀଳିମା
ଆଉ ଜହ୍ନରୁ ଯୋଛନା
ମାଟିରୁ ସାନ୍ନିଧ
ଅବା ସମୁଦ୍ରରୁ
ଅକୁହା ଯନ୍ତ୍ରଣା
ଅଲଗା କରିବା
କ'ଣ ସମ୍ଭବ ?

■

## ୩୦

ମୁଁ କିଏ ?
ସାରୁ ପତରରେ
ଢଳଢ଼ଳ
ଟୋପାଏ କାକର
ଶତ ହୃଦୟର
ପ୍ରତିଧ୍ୱନି
ମୋ ଭିତରେ
ହାହାକାର
ଲକ୍ଷେ ଶୂନ୍ୟତାର ।

ମୋ ପାଇଁକି
ଥାପନା ହେଇନି କେବେ
ପୂର୍ଣ୍ଣକୁମ୍ଭ
ମୋ ପାଇଁ ଭାଙ୍ଗିନି କେବେ
ପ୍ରେମର ପାଚେରୀ
ଖୋଲିନାହିଁ
ମନ୍ଦିର ଦୁଆର
ମୋ ପାଇଁ ସାଜିନି କେବେ
ଲକ୍ଷେ କୋଳାହଳ
ଅନୁରାଗ
ଭଲ ପାଇବାର

ମୁଁ ଗୋଟେ
ଏକା ଏକା ନଈତୁଠ
ଶୀତଳ ମରୁର ଝଡ଼।

ମୁଁ କିଏ ?
ବିଶ୍ୱାସ ଓ ବ୍ୟର୍ଥତାର
ଗୋଳିଆ ପାଣିରେ
ମୁଁ ବୁନ୍ଦାଏ ମୁକ୍ତା
ଶାମୁକାର ପେଟଚିରି
ଦେଖିବାକୁ ପାହାନ୍ତି ତରାକୁ
ଅହରହ ରାସ୍ତାଟିଏ ଖୋଜୁଥାଏ
କୁଳୁକୁଳୁ ବହିଯିବା ଲାଗି
ଗାଁରୁ ଗାଁକୁ।

ମୁଁ ତ ମାଗିନଥିଲି
ଯୁଦ୍ଧ
ଚାହିଁନଥିଲି
ରକ୍ତପାତ
କିଏ ସେ ସୃଜିଲା ତେବେ
ମୋ ନାଆଁରେ
ଯୁଦ୍ଧ ବିଭୀଷିକା ?
ମୋ କୋମଳ ବୁକୁଚିରି
କିଏ ସେ ବୋଳିଲା
ଡହଡହ ଉତ୍ତପ୍ତ ବାଲୁକା ?

ମୋ ଚମ୍ପାମଲ୍ଲୀ ଗଜରାର
ଅପୂର୍ବ ବାସ୍ନାରେ

ମୁଁ କୁଆଡ଼େ
ପଥଭ୍ରଷ୍ଟ କରୁଥାଏ
ଶତେକ ପୁରୁଷ
ପ୍ରତି ମୁହୂର୍ତ୍ତରେ !
ମୁଁ ଯେ ନିଜେ ଗୋଟେ
ପଥହରା ଏକାନ୍ତ ନର୍ତ୍ତକୀ
ମୁଁ କାହୁଁ ଜାଣିବି
କିଏ ଗଲେ କେଉଁଆଡ଼େ
ବାଟ ଅବାଟରେ ?

ମୋ ଆଶାର
ବାଲିଘର
ନିତି ଭାଙ୍ଗିଯାଏ
ଅଷ୍ଟମୀର ନୀଳ ଜୁଆରରେ
ତଥାପି ଜହ୍ନଟିଏ
ଉଙ୍କିମାରେ
ବଉଦ ଫାଙ୍କରେ
ପୂତିଗନ୍ଧ ସଂସାର
ଖୋଳପା ଫିଙ୍ଗି
ମୋ ଭିତରୁ
ସାଧ୍ୱୀଟେ ବାହାରି ଆସେ
ନିଃସଙ୍ଗ ବେଳାରେ।

ସେଇ ସାଧ୍ୱୀ କଣ ମୁଁ ! !
ମୁଁ କଣ
ଆମ୍ରର ଉଦ୍ୟାନ ନା
ମହାବୋଧିଦ୍ରୁମ !

ମୁଁ କି ଫଲ୍‌ଗୁ ଓ
ନଦୀ ନିରଞ୍ଜନା
ମୁଁ କେବେ ଅଭିଷିକ୍ତ
ମଗଧ ମାଟିରେ
ଆଉ କେବେ
ସମ୍ପୂର୍ଣ୍ଣ ବୈଶାଳୀ
କେବେ ମୁଁ
ପାଲଟେ ଗୋପା
କେବେ ମହାମାୟା
କେବେ ମୁଁ
ଭିକ୍ଷାଥାଳ ଆଉ
କେବେ ମହା କାରୁଣିକ ବୁଦ୍ଧ
ମୁଁ ଆମ୍ରପଲ୍ଲୀ ।

## ୩୧

କିଏ କୁହେ
ରୂପଜୀବୀ ଗଣିକାଟେ
ଅହରହ ପଶ୍ଚାତାପେ ମରେ,
ମୁଁ ଯେ
ନିର୍ମୂଳି ଲତାଟେ ପରି
କକ୍ଷଚ୍ୟୁତା ହେଇସାରିଥାଏ
ଖରା ବର୍ଷା ଶୀତ କାକରରେ,
ପାଇବାକୁ କାଣିଚାଏ
ମାଟିର ସାନିଧ୍ୟ
ଶୂନ୍ୟେ ଶୂନ୍ୟେ
ଏ ଡାଳରୁ ସେ ଡାଳକୁ ଧରେ ।

ମୁଁ ଚାହିଁନଥିଲି କି
ଝଲମଲ ତାରାଫୁଲ ଆଣି
ରଚିବାକୁ ନୀଡ଼ଟିଏ,
ଅଗୁରୁ ଚନ୍ଦନ ଘେରା
ଠାକୁରଙ୍କ ପାଶେ
ମହମହ ଭୋଗ ଥାଳିଟିଏ
ମୋ ଗୋଟାପଣ ପୃଥିବୀରେ
ସ୍ୱପ୍ନର ପୁରୁଷଟିଏ !

କିନ୍ତୁ ସାରାରାତି ଅନ୍ଧାରକୁ
ମୋ ମୁହଁରେ ବୋଳିଦେଇ
ଯିଏ ଯାହା ବାଟରେ
ସକାଳକୁ ଚାଲିଗଲେ
ସାରା ପୃଥିବୀର ଯନ୍ତ୍ରଣାକୁ
ଦେହରେ ସାଉଁଟି ଧରି
ମୁଁ ହେଲି ରୂପଜୀବୀ
ଭଦ୍ରଲୋକ ମୁଖା ପିନ୍ଧି
ଯେ ଯାହାର କାମରେ ମାତିଲେ।

ଚାହୁଁଚାହୁଁ ବର୍ଷପରେ
ବର୍ଷ ବିତିଗଲା
ବାଟଘାଟ ଖୋଜୁଖୋଜୁ
ମୁଁ ଅବାଟରେ ଚାଲୁଥିଲି
ଅଥଚ ଫେରିବାର ବାଟସବୁ
ଧୂସରିତ ହେଇ ସାରିଥିଲା,

ମାଂଜାକଟା ଗୁଡ଼ି ପରି
ଭାଗ୍ୟକୁ ଆଦରି
ମୁଁ କେବେ
ଝୁଲୁଥିଲି ବୃକ୍ଷଡ଼ାଳେ
କେବେ ପୁଣି
ପକ୍ଷହୀନ ପକ୍ଷୀସମ
ଭୂଇଁରେ ଲୋଟିଲି,

ସେତେବେଳ ଯାଏ
ତୁମେ ଥିଲ ଗୋଟେ କିମ୍ବଦନ୍ତୀ

ବାଦଲ ଉହାଡ଼େ
ଡେରା ପକାଇଥିବା
ବିଭୋର ଜହ୍ନରାତି
ପରତ୍ୟକ୍ତ ମନ୍ଦିର ଭିତରେ
ଅଧା ଅଧା ଦିଶୁଥିବା
ଦିଅଁଙ୍କର ମୂର୍ତ୍ତି ।

## ୩୨

ଏ ଜୀବନ ମୋତେ
ଅପେକ୍ଷା କରିଛି
କେତେକାଳ
ଜନ୍ମ ଜନ୍ମାନ୍ତର,
ଅନେକ ବର୍ଷତଳେ
ମାଟିରେ ପଡ଼ିଥିବା
ଟୋପାଏ ଲୁହ
ଆଞ୍ଜୁଳାଏ ଫୁଲ ହେଇ
ସାଉଁଳି ଦେଇଛି
ମୋ ପ୍ରାରବ୍ଧ
ବିଗତ ଜନ୍ମର।

ମୋର
ସେମିତି କିଛି
ଅଭିଳାଷ ନଥିଲା
ଉଜୁଡ଼ା ଅତୀତକୁ
ଭୁଲିଯିବା ଛଡ଼ା
ଆଉ କିଛି ରାସ୍ତା ବି ନଥିଲା।

ତୁମକୁ ଭେଟିଲା ପରେ
ଲାଗୁଥିଲା - ଏ ଜୀବନ
ଆଉ ଟିକେ ଲମ୍ବା ହେଉ

ମୋ ପ୍ରାପ୍ତି
ଅବା ଅପ୍ରାପ୍ତିର
ନିଛକ କାହାଣୀ
ଜାତକର କଥା ହୋଇ
ରହୁ କି ନରହୁ,
ଆଉ କେଉଁ ବାରନାରୀ
ଜୀବନ ପଥରେ
ଖୋଜାଲୋଡ଼ା
ଭଙ୍ଗାଗଢ଼ା
ଅନ୍ତରଙ୍ଗ କଥା ହେଇଥାଉ ।

ମୁଁ ପୁଣି ଫେରିବି
ଧୂସରିତ ପୃଥିବୀ ବକ୍ଷରେ
ଛନଛନ ଘାସ ଫୁଲ
ଗୋଧୂଳିର ଚଢ଼େଇ ଗୀତରେ
ଜୁକୁଜୁକୁ ତରାଟିଏ ହେଇ
ଉଆଁସିଆ ଅନ୍ଧାର ରାତିରେ,
ସମୁଦ୍ର ସ୍ନାହାନ ସାରି
ତୁମେ ଯେବେ
ମନ୍ତ୍ରପାଠ କରୁଥିବ
ଆମ୍ରପଲ୍ଲୀ
ମନ ଉଦ୍ୟାନରେ ।

କିଏ ସେ ନଗରବଧୂ
ଜନ୍ମ ମୃତ୍ୟୁ କାହାପାଇଁ
ବିଷର୍ଣ୍ଣ ବିବର୍ଣ୍ଣ ?

ଏ ମାଟି ସଜାଏ ମୋତେ
କେବେ ସାଧ୍ବୀ
କେବେ ପୁଣି ଗଣିକା ବେଶରେ।

ମୁଁ ପୁଣି ଆସିବି
ମୋ ମୃତ୍ୟୁର
ପ୍ରତିଟି ଚେତନା
ଆଲୋକିତ କରି
ପୁନର୍ଜନ୍ମ ନେବି
ମୋତେ ଭଲ ପାଉଥିବା
ଶେଷ ପୁରୁଷଟି
ଏ ମାଟିରେ
ହଜିବା ଆଗରୁ
ରୂପଜୀବୀ ଗଣିକା ଭାଗ୍ୟର
ଅନ୍ତିମ ଅକ୍ଷର
ଲେଖିବା ଆଗରୁ
ଶବ୍ଦର ଓଁକାର ହେଇ
ଆକାଶ ଓ ମାଟିରେ ମିଶିବି।

## BLACK EAGLE BOOKS

www.blackeaglebooks.org
info@blackeaglebooks.org

Black Eagle Books, an independent publisher, was founded as a nonprofit organization in April, 2019. It is our mission to connect and engage the Indian diaspora and the world at large with the best of works of world literature published on a collaborative platform, with special emphasis on foregrounding Contemporary Classics and New Writing.

www.ingramcontent.com/pod-product-compliance
Lightning Source LLC
Chambersburg PA
CBHW020542080526
44583CB00013B/962
* 9 7 8 1 6 4 5 6 0 4 1 9 8 *